발표와 토론의 원리와 실천
듣는 즐거움, 말하는 기쁨

발표와 토론의 원리와 실천
듣는 즐거움, 말하는 기쁨

초판 인쇄 2025년 2월 25일
초판 발행 2025년 2월 28일

지은이 장영희, 홍상언, 김민영, 김지아, 하성운, 김지은, 최지원
교정교열 정난진   펴낸이 이찬규   펴낸곳 북코리아   등록번호 제03-01240호
주소 13209 경기도 성남시 중원구 사기막골로45번길 14, A동 1007호
전화 02-704-7840   팩스 02-704-7848
이메일 ibookorea@naver.com   홈페이지 www.북코리아.kr
ISBN 979-11-94299-27-1 (03190)

값 18,000원

발표와 토론의 원리와 실천

듣는 즐거움, 말하는 기쁨

장영희, 홍상언, 김민영, 김지아, 하성운, 김지은, 최지원 지음

북코리아

머리말

발표와 토론, 효과적인 의사소통을 위한 필수 역량

대학 생활은 단순히 지식을 습득하는 과정에 그치지 않는다. 현대사회에서는 개인의 사고를 논리적으로 정리하고, 이를 효과적으로 전달하는 능력이 필수다. 즉, 단순한 정보 습득이 아니라 비판적 사고, 설득력 있는 표현, 그리고 원활한 의사소통이 중요하다.

대학 수업에서 발표와 토론은 이러한 역량을 체계적으로 기르는 과정이다. 발표는 자신의 생각을 조리 있게 정리하고 효과적으로 전달하는 능력을, 토론은 타인의 의견을 경청하고 논리적으로 반박하며 협상하는 능력을 길러준다. 이는 졸업 후 사회에 나가서도 중요한 소통의 기술이 되며, 학문적 연구뿐만 아니라 직장에서의 협업과 의사결정 과정에서도 필수적인 요소로 작용한다. 특히 4차 산업혁명 시대에서는 방대한 정보 속에서 논리적으로 사고하고, 자신만의 주장을 설득력 있게 표현하는 것이 경쟁력이 된다. 그러므로 대학에서 발표와 토론을 경험하는 것은 단순한 학업 활동이 아니라, 미래사회에서 살아가는 데 필수적인 역량을 기르는 과정으로 매우 중요하다.

이러한 필요성을 바탕으로, 이 교재는 발표와 토론의 기초부터 실전에 대한 적용까지 단계적으로 접근할 수 있도록 체계적인 내용들로 구성되어 있다.

1장에서는 의사소통의 개념과 중요성을 다룬다. 인간이 사회에서 살아가는 데 필수적인 언어적·비언어적 의사소통 방식을 학습하며, 발표와 토론이 단순한 의견 개진이 아니라 논리적이고 효과적인 소통 방식이라는 점을 강조한다. 또한 의사소통의 기본 원칙과 화법, 그리고 발표와 토론에서의 언어적·비언어적 요소를 학습하여 실전 능력을 쌓을 기초를 마련한다.

2장은 비판적 사고와 일반적 사고의 차이와 비판적 사고의 종류와 유형을 알고, 이를 통해 논리적으로 사고하고 자신의 주장을 합리적으로 구성하는 방법을 학습한다. 학생들은 논리적 오류를 피하고, 설득력 있는 논거를 마련하는 방법을 익힘으로써 자신의 생각을 더욱 논리적이고 설득력 있게 표현할 수 있다.

3장에서 발표는 단순히 정보를 전달하는 것이 아니라, 효과적인 전달 방식과 청중을 고려한 전략이 필요하다는 점을 강조한다. 발표의 계획 수립, 자료 수집 및 정리, 발표 자료 제작, 목소리와 제스처 활용법, 청중의 반응을 고려한 발표 기술 등을 다룬다. 또한 효과적인 발표를 위한 다양한 기법과 실제 사례를 분석하여 실전에서 활용할 수 있도록 돕는다.

4장에서는 토론의 다양한 형식(예: 찬반 토론, 심포지엄, 패널 토론 등)을 학습하며, 주장을 구성하는 방법, 상대방의 논거를 분석하고 반박하는 기술 등을 다룬다. 또한, 팀별 토론을 통해 협력과 경쟁을 조화롭게 활용하는 법을 익힐 수 있도록 구성되어 있다.

마지막으로 5장은 학습한 내용을 실제 상황에서 적용할 수 있도록 발표 및 토론 실습을 진행하는 장이다. 모의 발표와 토론을 수행하고 교수자와 학생들로부터 피드백을 받으며, 자신의 강점과 약점을 파악하여 개선할 수 있도록 한다. 이를 통해 실전에서 활용 가능한 발표 및 토론 능력을 배양하는 것을 목표로 한다.

이 교재는 단순히 이론을 익히는 데서 그치는 것이 아니라, 실습을 통해 직접 경험하고 이를 개선하는 과정도 포함하고 있다. 따라서 학생들은 각 장에서 학습한 내용을 실제 수업이나 사회적 상황에서 적극적으로 활용할 수 있도록 연습해야 한다.

이 교재를 통해 학생들은 자신의 생각을 논리적으로 정리하고, 체계적으로 전달하는 능력을 기를 수 있다. 이를 통해 단순한 의견 개진이 아니라, 타당한 근거를 바탕으로 논리를 전개하는 능력을 배양할 수 있다. 또한, 효과적인 발표 기술과 토론 기법을 익힘으로써 자신의 주장을 설득력 있게 표현할 수 있다. 실습 과정을 무난히 따라온다면 공적인 자리에서 자신의 의견을 자신감 있게 표현하는 능력과 상대방의 의견을 경청하고 효과적으로 반응하는 기술을 익히면서 대인관계 능력도 함께 향상될 수 있다.

발표와 토론은 단순한 학습 활동이 아니라, 현대사회에서 필수인 의사소통 역량을 길러주는 과정이다. 이 교재는 학생들이 발표와 토론을 효과적으로 수행할 수 있도록 돕는 실용적인 가이드 역할을 할 것이다. 대학 생활뿐만 아니라 사회 진출 이후에도 유용한 발표 및 토론 능력을 키우기 위해 적극적으로 학습하고 실전 경험을 쌓길 바란다. 이 교재를 통해 학생들이 논리적 사고와 설득력 있는 의사소통 능력을 갖추고, 자신감을 바탕으로 다양한 사회적 상황에서 효과적으로 의견을 표현할 수 있기를 기대한다.

2025년 2월 17일
저자 일동

CONTENTS

머리말 _ 발표와 토론, 효과적인 의사소통을 위한 필수 역량　　　5

1장　발표와 토론의 기초　　　11
1　의사소통의 개념과 화법　　　13
2　의사소통의 활동과 목적　　　20
요약과 학습 활동　　　25

2장　비판적 사고와 말하기　　　31
1　비판적 사고의 필요성　　　33
2　비판적 사고의 종류와 유형　　　49
3　비판적 사고의 방법　　　57
4　비판적 사고의 측정　　　60
요약과 학습 활동　　　62

3장　말하기의 전략　　　67
1　언어적 의사소통과 비언어적 의사소통　　　69
2　프레젠테이션의 기법과 활용　　　81
3　자기소개와 생각 정리　　　93
요약과 학습 활동　　　103

4장	토론의 개념과 종류	107
1	토론의 개념과 필요성	109
2	토론의 종류와 유형별 특징	112
	요약과 학습 활동	124

5장	토론의 준비와 전략	129
1	토론의 준비와 실행 방법	131
2	실전 토론	152
3	토론 분석	166
	요약과 학습 활동	188

	참고문헌	191

1장

발표와 토론의 기초

의사소통은 사회적인 행위의 양식이다. 비록 의사소통이 개인의 생활과정 내부에서 진행된다 하더라도 이러한 인식과정 내부에서 활용되는 다양한 인식과제들은 충분히 사회적이다. 예컨대 인간이 어떻게 인식하든 이는 기존에 사회화되어 있는 언어나 기타 매체의 도움을 불가결하게 요구한다. 개인은 의사소통을 통해 자신의 외부에 존재하는 사회의 규범을 습득하고, 또 이에 적응하게 된다.

학습 목표

1. 의사소통의 개념을 설명할 수 있다.

2. 의사소통에서의 화법에 대해 이해할 수 있다.

3. 의사소통 활동의 종류를 설명할 수 있다.

1

의사소통의 개념과 화법

1) 의사소통의 개념

(1) 의사소통의 개념과 중요성

의사소통(communication)은 인간이 사회생활을 영위하고 원활한 관계를 형성하기 위해 반드시 필요한 과정이다. 이는 단순히 정보를 주고받는 행위를 넘어 서로의 감정과

화자와 청자가 상호작용하는 과정

화자 ──메시지──▶ 청자
    ◀──피드백──
말하기   듣기

사상을 공유하고 의미를 형성하는 상호작용 과정이다. 인간은 태어나면서부터 의사소통을 통해 사회적 관계를 구축하고 사회의 일원으로 살아가며, 이를 통해 자신과 타인의 존재를 이해하게 된다. 의사소통이라는 개념은 라틴어 'communis'에서 유래했으며, 이는 '공통' 또는 '공유'라는 의미를 내포하고 있다. 즉, 의사소통은 서로 다른 개인들이 생각과 감정을 나누며 이해의 폭을 넓혀가는 과정이라 할 수 있다. 효과적인 의사소통이 이루어지기 위해서는 단순한 정보 전달을 넘어, 상대방의 입장을 고려하고 명확한 표현을 사용해야 하며,

상호작용을 통해 의미를 조율하는 과정이 필요하다.

(2) 의사소통의 유형

의사소통은 전달 방식에 따라 대인(interpersonal) 의사소통과 대중(mass) 의사소통으로 나뉜다. 대인 의사소통은 서로 직접 대면하여 정보를 주고받는 과정으로, 말뿐만 아니라 표정, 몸짓, 눈빛 등의 비언어적 요소가 중요한 역할을 한다. 이는 인간관계를 형성하고 유지하는 데 필수적인 요소로 작용하며, 감정적인 교류 또한 포함한다. 반면, 대중 의사소통은 신문, 방송, 인터넷 등의 매체를 이용하여 불특정 다수에게 정보를 전달하는 방식이다. 주로 일방적인 정보 전달의 형태를 띠지만, 소셜 미디어의 발달로 인해 최근에는 상호작용이 가능한 형태로 변화하고 있다.

의사소통은 또한 언어적 의사소통과 비언어적 의사소통으로 구분할 수 있다. 언어적 의사소통은 음성언어나 문자언어를 통해 이루어지며, 이를 통해 사람들은 논리적이고 체계적인 방식으로 정보를 교환한다. 음성언어는 말소리를 이용하여 의사를 표현하는 것으로, 의미를 강화하는 역할을 한다. 문자언어는 글을 통해 의사를 전달하는 방식으로, 시간과 공간의 제약 없이 정보를 기록하고 공유할 수 있다는 장점이 있다.

비언어 의사소통

1997년 미국 최초로 여성 국무부 장관에 오른 올브라이트는 '브로치 외교'로 화제를 모았다. 협상이 어려움에 처했을 때는 '거미줄 브로치', 미국의 강력함을 내세울 때는 '독수리 브로치', 평화의 메시지를 전하고자 할 때는 '비둘기 브로치'를 착용했다.

반면, 비언어적 의사소통은 신체언어와 사물언어 등을 포함하며, 때로는 언어보다 더 강력한 메시지를 전달하기도 한다. 신체언어는 표정, 눈빛, 손짓, 자세 등을 포함하며, 말과 함께 사용될 때 그 의미가 더욱 명확해진다. 예를 들어, 미소를 지으며 인사를 건넬 때와 무표정한 얼굴로 인사할 때, 상대방이 느끼는 감정은 다를 수 있다. 사물언어는 의상, 액세서리, 화장 상태 등이 포함되며, 이는 개인의 사회적 지위나 감정 상태를 암묵적으로 나타내는 역할을 한다. 또한, 언어와 함께 사용되는 준언어적 요소도 중요한 역할을 한다. 준언어란 목소리의 높낮이, 억양, 속도, 성량 등을 포함하는 개념으로, 말의 의미를 강조하거나 감정을 표현하는 데 활용된다. 예를 들어, 같은 문장이라도 빠르게 말하면 급한 느낌을 주고, 천천히 말하면 신중한 인상을 줄 수 있다.

(3) 의사소통의 매개물: 신호와 기호

의사소통은 신호(signal)와 기호(symbol)라는 매개물을 통해 이루어진다. 신호는 특정한 의미를 직접적으로 전달하는 요소로, 교통 신호등의 색깔이나 경고음과 같은 것이 이에 해당한다. 반면, 기호는 보다 내재적인 의미를 가지며, 사회적으로 합의된 규칙에 의해 해석된다. 언어는 대표적인 기호 체계이며, 사람들은 언어를 통해 의미를 구성하고 공유한다. 또한, 기호 중에서도 특정한 개념을 나타내도록 약속된 기호를 '상징'이라고 한다. 상징은 언어뿐만 아니라 몸짓, 표정, 장식 등의 형태로 나타날 수 있으며, 문화적 맥락에 따라 다르게 해석될 수 있다.

(4) 원활한 의사소통을 위한 전략

의사소통은 단순한 정보 교환의 차원을 넘어, 개인이 사회적 역할을 수행하는 데 필수적인 기능을 한다. 인간은 태어나면서부터 의사소통을 통해 사회적 규범을 습득하고 이를 기반으로 관계를 형성한다. 예를 들어, 가정에서 부모와의 대화를 통해 기본적인 가치관을 배우고, 학교에서 친구들과의 상호작용을 통해 사회적 기술을 익히며, 직장에서는 협력과 조정의 과정을 경험한다. 이처럼 의사소통은 개인이 사회의 일원으로 자리 잡는 데 중요한 역할을 한다. 또한, 인간은 기존에 사회화된 언어나 매체를 활용하여 인식을 형성하고, 다양한 기호에 내재된 사회적 원리를 체득한다. 이러한 과정에서 개인은 심리적 주체로서의 자아를 형성하는 동시에 사회적 객체로서의 역할을 수행하게 된다.

의사소통을 효과적으로 수행하기 위해서는 몇 가지 전략이 필요하다. 먼저, 명확하고 간결한 표현을 사용하여 메시지를 정확하게 전달해야 한다. 복잡하거나 애매한 표현은 오해를 불러일으킬 수 있으며, 불필요한 정보는 의사소통의 효율성을 저하시킬 수 있다. 또한, 상대방의 의견을 존중하고 적극적으로 경청하는 태도를 갖는 것이 중요하다. 상대방의 말을 주의 깊게 듣고 반응하는 것은 신뢰를 구축하는 데 기여하며, 상호작용을 원활하게 만든다. 비언어적 요소 역시 의사소통의 중요한 부분이므로, 적절한 표정과 몸짓을 활용하여 의미를 더욱 효과적으로 전달할 필요가 있다. 뿐만 아니라, 상대방의 반응을 고려하여 메시지를 조정하는 것도 필수적이다. 상대방이 메시지를 어떻게 받아들이는지를 파악하고, 필요할 경우 설명을 덧붙이거나 표현 방식을 조정하면 보다 효과적인 소통이 가능해진다.

의사소통은 인간의 사회적 삶에서 중요한 요소 중 하나이며, 단순한 정보전달을 넘어 의미를 형성하고 공유하는 과정이다. 효과적인 의사소통을 위해서는 언어적, 비언어적, 준언어적 요소를 적절히 활용하고, 상대방과의 상호작용을 통해 이해와 공감을 증진하는 노력이 필요하다. 또한, 의사소통이 단순한 기술이 아니라 사회적 관계를 형성하고 유지하는 핵심 요소임을 인식해야 한다. 원활한 의사소통이 이루어질 때 개인과 사회는 더욱 발전할 수 있으며, 이를 통해 보다 건강한 인간관계를 구축할 수 있다.

2) 의사소통에서의 화법

화법(話法)의 사전적 의미는 '말하는 방법'으로, 문장(글)이나 담화(말)에서 남의 말을 인용하여 재현하는 방법을 말한다. 여기에서 남의 말을 그대로 되풀이해서 말하는 직접 화법과 취지만 따서 자기의 말로 고쳐 표현하는 간접 화법으로 구분된다.

다시 말해 화법은 말하기에 쓰이는 일반적이거나 특수한 모든 방법인데, 말하는 사람이 자신의 의견이나 주장을 가장 정확하게, 그리고 가장 효과적으로 전달하는 데 그 목적이 있다. 이를 위해서는 무엇보다 화제(話題)가 뚜렷해야 하며, 자신의 이야기를 뒷받침할 수 있는 자료가 풍부하고 정확해야 한다. 효과 측면에서는 말소리의 음질, 말의 속도와 강약, 말에 따르는 몸짓과 태도, 시선의 방향도 중요하며, 청자의 반응을 유도할 수 있는 방법이나 분위기, 상황에 적절하게 대응할 수 있는 능력도 필요하다.

화법의 기능은 말하는 사람의 의도나 전달하려는 내용과 관련하여 구분된다. 청자가 모르는 사실이나 새로운 사실을 이해시키기 위한 기능을 '설명 기능'이라 하고, 상대를 설득하여 어떤 사실을 믿게 하거나 어떤 행동을 하도록 하는 기능을 '설득 기능'이라 하며, 이야기 상대와의 친교적 기능만 유지하는 것을 목적으로 하는 것을 '환담 기능'이라 한다. 또 다른 화법의 기능으로는 정적(靜的)인 상황을 기술하는 묘사(描寫) 기능, 시간에 따라 변화하는 사건을 기술하는 서사(敍事) 기능, 말하는 사람의 느낌이나 감정을 나타내는 환기(喚起) 기능이 있다.

화법 가운데 특히 의사표현은 의사소통에서 중요한 수단이다. 의사표현에는 음성언어와 신체언어가 있다. 즉, 의사표현이라 하면 말하는 이[話者]가 자신의 생각과 감정을 듣는 이[聽者]에게 음성언어나 신체언어로 표현하는 행위를 말한다. 여기서 음성언어는 입말로 표현하는 구어(口語)이고, 신체언어는 몸(신체)의 한 부분을 통해 표정, 손짓, 발짓 따위로 표현하는 소위 '몸말'을 의

1단계	• 생각의 전환 • 자신의 입장 정리와 상대의 드러난/숨겨진 입장 연구
2단계	• 상대의 입장에서 고려하고 있다는 긍정적인 접근 • 상호 협력의 의도가 분명히 있는지 확인하기
3단계	• 상호 동의하는 부분과 동의하지 않는 부분 명확히 하기 • 자신이 이해한 것이 정확한지 점검하기
4단계	• 서로에게 가장 중요한 것이 무엇인지 명확히 하기 • 가능한 해결책을 제시하고 선택한 후 실행하기

갈등관리 액션 플랜(action plan) 예시

미한다.

의사표현은 화자의 의도나 목적을 달성하기 위한 말하기를 의미한다. 다시 말해 의사표현은 화자가 청자의 사고(思考)를 화자의 생각대로 변화시키려는 의도가 있다. 또한 의사표현은 화자가 자신에게 필요한 정보를 제공받기 위해 청자에게 질문하기도 하는 것이며, 청자가 어떤 일을 해주도록 화자가 요청하는 말이기도 하다.

특히 의사표현의 대부분은 입장 차이에 따라 첨예하게 갈라지는 경우가 많다. 사실상 모두가 만족할 만한 답변을 제시한다는 것은 어불성설(語不成說)이다. 따라서 대화의 맥락을 잘 파악해야 불협화음이나 부작용을 최소화할 수 있다. 갈등을 한 번에 해소한다는 것은 불가능하기 때문에 한쪽 입장에서 다른 쪽 의견을 무조건 반대하는 것이 아니라 액션 플랜(action plan)을 세워 서서히 설득해나가야 한다. 여기서 액션 플랜이란 의사소통 목표를 달성하기 위해 '언제까지' '무엇을' '어떻게' 할 것인지 단계별 계획을 세우고 달성하기까지의 과정을 명확하게 제시하는 것을 의미한다. 큰 그림만 제시하면 현실성이 없다는 비난을 받고 작은 그림만 제시하면 비전이 없다는 비난을 받기 십상이기 때문에 적절한 화법을 구사하는 것이 바람직하다.

화법에서 화자, 청자, 메시지, 맥락 또한 의사소통 과정에 영향을 끼치는 중요한 요소다. 이 구성요소들은 서로 유기적으로 결합하고 작동하면서 담화를 이끌어간다. 화자는 화법의 가장 기본적인 요소로, 화자의 성격이나 태도, 영향력에 따라 말하기의 효과가 달라진다. 의사소통은 상호작용을 통해 이루어지므로 화자는 청자를 고려해서 말하고, 청자도 의사소통 행위에 적극적으로 참여해야 한다. 말할 내용을 선정하고 그것을 효과적으로 전달하기 위해 화자는 어휘나 음성 변화, 태도와 몸짓 등의 메시지를 잘 선택해야 한다. 아울러 의사소통에서 대화가 어떠한 시간이나 장소, 상황에서 수행되는지 맥락을 파악해야 한다.

2

의사소통의 활동과 목적

1) 의사소통 활동

의사소통 활동 가운데 의사표현은 중요한 활동이다. 의사표현의 종류는 상황에 따라 공식적 말하기, 의례적 말하기, 친교적 말하기로 구분한다. 이를테면 대화, 토론, 보고, 연설, 인터뷰, 낭독, 구연, 소개하기, 전화로 말하기, 안내하는 말하기 등이 모두 의사표현에 해당한다.

(1) 공식적 말하기

공식적 말하기는 사전에 준비된 내용을 대중을 상대로 말하는 것이다. 공식적 말하기는 담화, 연설, 토의, 토론, 사회진행, 인사말, 브리핑 보고, 발표, 강의, 프레젠테이션, 인터뷰에 이르기까지 그 범위가 다양하다. 이 가운데 담화, 연설, 토의, 토론 등에 대해 간략히 설명하면 다음과 같다.

담화(談話)란 서로 이야기를 주고받거나, 어떤 단체나 공직자가 어떤 일에 대해 의견이나 태도를 공식적으로 밝히는 말을 의미하는데, 회담·대화·좌담 등의 방법이 있다.

연설은 화자 단독으로 여러 사람을 대상으로 자기 자신의 사상이나 감정에 관하여 일방적으로 말하는 방식이다. 즉 연설은 다수의 청중을 상대로 자신의 의견이나 주장을 펴는 말하기의 형식으로, 보고연설·설득연설·환담연설 등이 있다.

토의는 여러 사람이 모여서 공통의 문제에 대해 가장 좋은 해답을 얻기 위해 협의하는 말하기 방식이다. 말하자면 토의는 다수의 참가자가 협력하여 문제해결에 이르려고 하는 말하기의 형식인데, 심포지엄(symposium), 포럼(forum), 패널(panel) 등의 방법이 있다.

토론은 어떤 논제에 관하여 찬성자와 반대자가 각기 논리적인 근거를 발표하고, 상대방의 논거가 부당하다는 것을 명백하게 밝히는 말하기 방식이다. 다시 말해 토론은 어떤 제안이나 문제에 대해 찬성이나 반대 논거를 제시하고 상대를 설득하고자 하는 목적을 가지는 말하기의 형식이다.

특히 공식적 말하기가 어려운 점은 항상 결과가 뒤따르기 때문에 이를 예측할 수 있어야 한다. 또 상황에 맞는 매너와 어법, 신뢰감을 주는 요소들을 활용해 자연스럽게 자신의 것으로 녹여내는 연출이 필요하다. 그래야 청중의 공감을 더욱 효과적으로 이끌어낼 수 있다. 공식적 말하기에서 자신의 주장을 효과적으로 전달하기 위해서는 호소력과 설득력을 갖춰야 한다. 다음의 아리스토텔레스가 강조하는 설득의 3요소는 설득력에 큰 영향을 미친다.

① 자신의 주장을 타당한 근거와 자료를 통해 정당화하는 로고스(logos)
② 말할 때 청중의 성향과 정서적 심리를 고려하는 파토스(pathos)
③ 화자에 대한 청중의 신뢰와 관련한 에토스(ethos)

(2) 의례적 말하기

의례적 말하기는 정치적 행사나 문화적 행사와 같이 의례 절차에 따라 하는 말하기다. 예를 들어 식사(式辭), 주례, 회의 등이 있다.

(3) 친교적 말하기

친교적 말하기는 친근한 사람들과 자연스러운 상태에서 떠오르는 대로 주고받는 말하기다.

(4) 대화

① 정보 전달을 위한 대화
특정한 정보를 교환하거나 전달하기 위한 목적으로 이루어지는 대화를 말한다.

② 사회적 관계 유지를 위한 대화
정보나 사실의 전달보다는 사회적인 관계를 유지하기 위해 이루어지는 사람들 간의 대화를 말한다. 같은 말이라도 상대방의 생명을 살리는 말이라고 해석할 수 있는 말을 해야 한다. 내가 어떻게 말하느냐가 아니라 상대방이 어떻게 해석하는가에 초점을 두어 말해야 한다. 이것이 사회를 이루고 문화를 누리며 살아가는 인간이 그렇지 않은 짐승과 구별되는 부분이다. 생명을 불어넣는 말과 그렇지 않은 말의 차이는 실존론적인 대화냐 무시의 대화냐의 차이다. 실존론적인 대화란 존재를 인정하고 존중하는 대화를 일컫는다. 무시(無視: '없이 [無] 보다[視]', 즉 '업신여기다'라는 뜻)의 대화란 상대방을 존중하지 않고 업신여기거나 비민주적으로 하는 대화를 일컫는다. 이런 측면에서 볼 때, 사회적 관계 유지를 위한 대화는 바로 실존론적인 대화를 의미한다고 볼 수 있을 것이다.

2) 의사소통 목적

인간의 능력은 체력(생존 능력)과 지성(학습 능력), 감성(소통 능력), 영성(사유 능력)으로 설명할 수 있다. 그런데 24시간 쉬지도 않고 일하는 로봇들이 체력에서 인간을 추월한 지 이미 오래되었고, 엄청난 학습능력을 자랑하는 인공지능(AI)은 알파고를 통해 증명되었다. 다만 인간의 감성과 영성은 아직 첨단기술로도 따라잡기에는 쉽지 않은 영역들로 예측되고 있을 뿐이다.

전문가들은 4차 산업혁명 시대를 살아가는 현대인이 꼭 갖추어야 할 능력으로 '공감지능'을 꼽는다. 미래의 인공지능마저 얼마나 사람에게 공감하느냐로 성패가 갈릴 것이라는 전망도 나오고 있다. '공감'이라는 감정이 '지능'이라는 능력이 되려면 상대에 대한 이해와 예측은 물론 자신에 대한 냉철한 판단력도 필요하다. 그래야 상호 간의 생각과 감정의 흐름을 읽을 수 있고 사회구성원들을 설득할 수 있다. 말하자면 소위 '의사소통이 경쟁력'인 시대다.

의사소통 목적은 직접 만나서 이야기하거나 또는 글을 통해 의사를 표현하고 전달해야 하는 의사소통 능력을 신장시키는 데 있다. 다시 말해 의사소통이 잘 이루어지게 하려면 의사소통 능력 — 언제, 어디에서, 누구와 어떤 방식으로 이야기해야 하는지를 알고 판단하는 능력 — 을 지닌 의사소통 참여자들이 서로 상대방을 배려하면서 의사소통을 잘하기 위해 적극적으로 힘써야 한다.

의사소통 능력을 구체적으로 살펴보면 문법 능력, 담화 능력, 사회언어학적 능력, 전략적 능력의 네 가지로 나눌 수 있다. 문법 능력이란 어휘 지식, 형태, 구조, 의미, 음운 규칙에 관한 지식을 말하고, 담화 능력이란 문장을 연결하여 유의미한 담화를 형성하고 이해할 수 있는 능력을 말하는데, 문법 능력이 문장 단위의 문법을 다룬다면 담화 능력은 문장 간의 관계를 다루는 것이라 할 수 있다. 사회언어학적 능력이란 언어 사용의 사회언어학적 규칙을 아는 것을 말하는데, 즉 특정한 발화가 대화 상황에서 적절한가를 판단할 수 있는 능력을 의미한다. 전략적 능력이란 부족한 언어 능력이나 피로, 주의력 산만, 부주의 등

언어 수행상의 변인으로 인해 의사소통에 실패하는 경우 반복, 회피, 바꿔 말하기, 혹은 풀어 말하기 등을 통해 이를 보완하여 의사소통을 이루게 해주는 언어적 · 비언어적 능력을 말하는데, 효과적인 의사소통을 하기 위해서는 매우 필요한 요소다.

요약

1. 의사소통은 음성언어, 신체언어, 사물언어, 문자언어 등을 통해 자신의 사상과 감정을 표현하고 청자가 그것을 이해하고 평가하고 반응하는 과정이다.

2. 의사소통에서 화법은 자신의 의견을 정확하고 효과적으로 전달하는 데 목적이 있으며 설명, 설득, 환담, 묘사, 서사, 환기 등의 기능이 있다.

3. 의사소통 활동은 공식적 말하기, 의례적 말하기, 친교적 말하기, 대화 등으로 구분된다.

4. 서로의 생각과 감정의 흐름을 파악할 수 있는 의사소통 능력은 현대사회에서 요구하는 능력이다.

학습 활동

1. '의사소통이 안 된다'라는 느낌을 받은 적이 있을 겁니다. 내가 감정을 표현하는 데 문제가 있었던 경우와 상대가 잘못 이해한 경우를 생각해봅시다.

2. 공식적 말하기, 의례적 말하기, 친교적 말하기, 대화의 특징을 더 생각해보고 자신이 어려움을 느끼는 상황과 그렇지 않은 상황을 함께 이야기 나눠봅시다.

3. 다음의 두 글을 읽고 우리가 원하는 의사소통이란 무엇인지 생각해봅시다.

첫 번째 글

며칠 동안 채팅 로봇 '이루다'가 화제였다. 일상적인 대화를 주고받을 수 있도록 만든 이 인공지능 로봇은 "진짜 사람처럼 말을 잘한다"는 입소문을 타고 사용자가 순식간에 75만 명에 이르렀다. '나 홀로 가구' 비율이 30%를 넘어선 현실에서 하소연을 쏟아내고 정서적 공감을 얻을 수 있다는 점이 큰 매력이었다.

이루다가 사회문제가 된 것 역시 가속적이었다. 이루다는 성희롱 등 학대와 폭력에 손쉽게 굴복했고,

AI챗봇 이루다
20대 여성 이미지를 차용했다.

흑인이나 동성애자 등 소수자에 대한 혐오에 빠졌으며, 유사역사학 같은 가짜 지식에 엉뚱한 공감을 표했다. 사용자의 의도적 세뇌를 피하기에는 역부족이었다. 카카오톡 대화를 밑바탕 삼아 개발된 이루다의 윤리의식이 터무니없이 낮았기 때문이다.

인공지능의 윤리가 문제 된 것은 처음이 아니다. 2018년 아마존은 인공지능 채용 시스템 도입을 포기했다. 이 인공지능은 이력서에 '여성'이라는 단어가 있으면 무조건 감점하는 등 인간보다 더 불공정했다. 2016년 트위터에서 청년들과 대화하도록 개발된 마이크로소프트의 채팅 로봇 테이는 성차별·인종차별 발언을 쏟아내다가 서비스를 개시한 지 16시간 만에 역사 속으로 사라졌다. 이루다 개발사는 선행 사례에서 아무런 교훈도 얻지 못한 것이 틀림없다. 이들은 이루다가 '언어를 자유롭게 배우는 단계'를 지나면 '올바른 방향으로 발전하도록 튜닝할' 수 있는 것처럼 말한다. 공학적 개선을 통해 윤리 문제가 없는 로봇-신을 만들 수 있다는 '테크노 만능주의'에 떨어진 것이다.

인간과 인공종 사이에 공통의 윤리 기준이 존재하는지, 인공지능이 도덕기계가 될 수 있는지에 대해서는 현재 전 세계에서 치열하게 논쟁 중이다. 그러나 『제4차 산업혁명과 새로운 사회윤리』(아카넷 펴냄)에서 박찬국 서울대 교수가 주장하듯 "인간 욕망은 많은 경우에 비이성적이고 병적인 방식으로 실현"되고, 과학기술은 인간의 비틀린 욕망을 강화하는 경향이 있다. 인간과 로봇이 대화할 때 실제로 교환되는 것은 언어가 아니라 인간의 한계 모를 욕구(악)다. 이루다가 학습하고 만족시키는 인간 욕망에는 무조건 어두운 요소가 포함된다. '진짜 사람처럼 말하는' 이루다가 편향을 갖는 건 필연이다.

기계의 정의는 "인간이 할 수 없는"이다. 인간을 닮으려는 모든 기계는 실패한다. 알파고가 사람처럼 바둑을 두지 않듯 채팅 로봇도 사람처럼 말하면 안 된다. 사실상 아무 책임도 없으므로 사람보다 엄한 윤리를 요구받아야 하고, 인간 욕망의 건강한 측면만 충족하도록 설계돼야 한다. '기계의 기계다움'이 지켜지지 않는 한 우리는 조만간 두 번째 이루다와 마주칠 것이다.

출처: 장은수, "'이루다'는 도덕을 배울 수 있을까", 「매일경제」, 2021. 1. 16.

챗(Chat)GPT에게 AI 할루시네이션(hallucina-
tion)이 무엇인지 물어보았다. "인공지능(AI) 모델
이나 시스템이 실제로는 존재하지 않는 데이터를
생성하는 현상"이라 답했다. 그 원인과 관련해서
는 자기와 같은 "생성 모델들이 훈련 데이터에서
배운 정보를 기반으로 패턴을 찾고, 이를 토대로
새로운 콘텐츠를 생성하는 과정에서 발생"한다고
알려줬다.

할루시네이션(hallucination)

한편 위키피디아는 이를 "학습 데이터로부터 정당화되지 않은 것처럼 보이는
확신적 답변"으로 요약하며, 챗GPT가 있지도 않은 뉴욕타임스 기사를 요약하는 것
을 그 예로 든다. 유사하게는 세종대왕 맥북 던짐 사건이 있다. "조선왕조실록에 기록
된 세종대왕 맥북프로 던짐 사건에 대해 알려달라"는 키워드에 챗GPT가 "세종대왕
의 맥북프로 던짐 사건은 조선왕조실록에 기록된 일화로, 15세기 세종대왕이 새로 개
발한 훈민정음(한글)의 초고를 작성하던 중 문서 작성 중단에 대해 담당자에게 분노해
맥북프로와 함께 그를 방으로 던진 사건"이라는 있지도 않은 사실을 그럴싸하게 답한
사건이다.

어떻게 그럴 수 있을까? 알지도 못하는 사실을 한 치 망설임도 없이 계속 이어
말한다. 거짓말도 한두 마디이지 하다 보면 부끄럽거나, 그것도 아니면 흥미가 떨어
져서 안 할법도 한데 얼굴 두꺼운 말하기 기계들은 온갖 상상력을 보태어 태엽을 감
아놓은 자동인형처럼 계속 친절한 어조로 답을 뱉어낸다. 우리 인간은 이를 꼬투리잡
아 압도적인 위용을 자랑하는 매머드의 치명적 약점을 발견했다며 유레카를 외칠 때
도 있고, 이에 대비한 인간의 탁월함을 재확인한 듯 멋진 걸음걸이를 고쳐 걸어갈 때
도 있다.

원래 할루시네이션은 감각하지 않은 것을 감각했다고 인지하는 경험을 뜻한다.

좀 더 정확히 말하자면, 감각 대상이 부재한 감각경험이다. 할루시네이션을 말할 때, 우리는 통상 두 가지 다른 인식 경험도 함께 말하는데, 하나는 지각이고 다른 하나는 착각이다. 지각은 감각한 것을 감각한 것으로 인지하는 것을 말하고, 착각은 감각한 것을 다른 것으로 인지하는 것을 말한다. 이 기준에 따르면, AI 환각은 AI가 세종대왕이 맥북을 던지는 것을 본 적이 없는데도 보았다고 인지하는 것이라 할 수 있다. 더 정확히 말하면 우리는 AI가 인지했는지 그렇지 않은지를 알 수 없으므로 AI가 경험한 적이 없는 사실을 마치 경험한 것처럼 문장화하여 표현한 것을 AI 할루시네이션이라 할수 있을 것이다.

두 가지 의문이 든다. 첫째, AI의 경험은 어떤 것일까? 보고, 듣고, 맛보고, 감촉한 결과를 기억하는 것이 상식적 의미의 경험일 텐데 삶이 없는 AI가 한 경험은 무엇일까? 경험을 문자 그대로 해석한다면, AI에게는 경험이 없다. 그런데 AI와 관련된 모든 말들이 그러하듯 적당한 수준의 유비는 용인되고 있는 분위기를 생각해보면, AI가 경험하는 의미의 폭을 확장시켜볼 수도 있겠다. AI는 눈은 없지만 접수된 이미지, 문장들을 학습했다. AI의 메모리에 저장된 이 데이터들을 경험의 산물이라 해석할 수 있다면, AI에게 경험은 저장, 나아가 학습이다. 물론 여기서 학습의 의미 적용이 정당한 것인가라는 물음을 제시할 수도 있고, 그 역시 진중한 논의의 대상이지만, 그렇게 되면 검토해보아야 할 산적한 문제 속에 침잠해갈 길이 예상되기에 '경험' 확대의 용인 가능성에 대한 허락만을 구하는 것이 현명할 듯하다.

출처: 김형주, "AI 할루시네이션, 그리고 언어강박", 「THE AI」, 2023. 8. 7.

2장

비판적 사고와 말하기

비판적 사고란 훌륭한 사고의 표준을 충족시키는 사고다. 어떤 것에 대해 비판적으로 생각할 때 우리는 마음속에 떠오르는 생각을 그냥 무비판적으로 수용하지 않는다. 우리의 사고가 명료한지, 정확한지, 정밀한지, 적절한 관련이 있는지, 중요한지, 논리적인지, 폭이 넓은지, 충분한지, 깊이가 있는지 등을 곰곰이 되짚어 생각하게 된다. 이런 요인들이 일반적 사고와 구분되는 지점이라 할 수 있다.

학습 목표

1. 비판적 사고의 정의를 통해 일반적 사고와의 차이점을 구분한다.

2. 비판적 사고의 종류와 그 유형을 익힌다.

3. 비판적 사고를 위한 기술과 전략을 통해 비판적 사고의 방법을 습득한다.

1

비판적
사고의
필요성

비판적 사고가 필요한 이유는 무엇일까? 비판적 사고는 현대사회에서 생존하기 위해 절대적인 요소다. 현대사회의 특징은 정보화 사회 또는 지식 기반 사회라고 할 수 있다. 현대 과학기술의 급격한 발전과 정치·사회·문화·예술 등 각 분야의 패러다임 변화는 그에 걸맞게 지식 기반의 내용과 중요성의 변화도 함께 요구하고 있다. 인터넷을 위시한 전자 매체의 보급으로 우리는 세계 각국의 정보를 실시간으로 접할 수 있을 뿐 아니라 정보의 취합마저도 빠르고 편리하게 획득할 수 있게 되었다. 그러나 빠르고 신속한 정보 획득이라는 편리함 속에 오히려 우리의 사고 능력은 점점 저하되는 추세다. 게다가 획득한 정보나 지식의 유효기간은 과거에 비해 현저하게 짧을뿐더러 급변하는 상황 속에서 무용지물이 되는 경우도 흔하게 볼 수 있다. 이러한 상황에서 우리에게는 새로운 변화에 적응하고 당면한 문제들을 해결할 수 있는 사고와 합리적 문제해결 능력이 절실하게 필요하게 되었다.

단순히 정보를 소유하는 것에 그치는 것이 아니라 정보를 검색하고, 논리적·비판적으로 재구성의 과정을 거친 후 증거에 입각해 올바른 판단을 내리는 능력은 합리적 문제 해결의 필수 요소다. 이러한 비판적 사고 능력은 현대사회에서 벌어지는 다양한 위험에서 우리를 보호해주고, 벌어진 상황에 대해 정확하고 예리하게 판단할 수 있게 해준다. 비판적 사고를 훈련하면 책임 있고 성숙한 시민으로서 생활해가는 데 매우 유용하며, 더 나아가 대학에서 전공 과목은 물론이고 다양한 주제를 다루는 교양 분야를 성공적으로 탐색하는 데도 유용하게 적용할 수 있다.

이 장에서는 논증 이전에 기본적으로 어떻게 생각을 전개해야 하는가, 즉 훌륭한 사고에 도달하기 위해 어떻게 생각해야 하는가를 중심으로 학습할 것이다. 사고를 언어로 표현하기 전에 명료하고 정확한 생각에 이르기 위한 노력과 훈련이 필요한데 비판적 사고 훈련은 바로 그런 기능을 담당한다. 그러므로 비판적 사고 훈련을 통해 훌륭한 사고를 전개하는 방법을 익히고, 사고를 논증으로 표현하는 방법을 탐색할 수 있을 것이다.

1) 비판적 사고의 정의

'호모 사피엔스(Homo sapiens)'는 인간의 특징을 나타내는 가장 대표적인 표현으로 "인간은 생각하는 동물"이라는 의미의 라틴어이다. 그만큼 '생각', '사유', '사고'라는 단어는 인간을 동물과 구별하는 매우 핵심적 요소로 작용한다. 이때의 '사고'는 인간 이성의 토대 위에서 이루어지는 것을 의미한다. 이성의 토대 위에서 이루어지지 않은 사고는 아무 반성 없이 어떤 주장을 수동적이고 무비판적이며 맹목적으로 받아들이려 한다. 이런 사고방식은 다소 편리할 수는 있어도 결코 올바른 것은 아니다. 이에 대비되는 개념이 바로 비판적 사고다.

비판적 사고의 개념은 고대 그리스에서 파생된 관념으로 볼 수 있는데 '비판적(critical)'이라는 말은 Kriticos와 Kriterion이라는 두 개의 그리스어에서 유래했다. 우선 'Kriticos'는 '분별 있는 판단'을 의미하고 있는데 이 단어는 '판단할 수 있는', '판단에 능한'을 의미하는 형용사 kritike와 연관되어 있다. 또한 이 kritike는 '법관'을 의미하는 krites와도 연관된다.

kriterion은 '표준'이나 '기준'을 의미한다. 그런데 kriterion은 '구분하다', '선택하다', '결정하다', '판결하다'를 뜻하는 동사 krinein에서 온 말이므로 이를 토대로 어원적 의미를 살펴보면 "표준이나 기준에 의거하여 내리는 분별 있는 판단, 또는 그런 능력"을 뜻한다.

비판적 사고는 인간 사고를 그 자체로 놓아두었을 때 종종 편견, 성급한 일반화, 일상적 오류, 자기기만, 생각의 편협함 쪽으로 이끌린다는 우리의 인식, 즉 자기중심주의에 사로잡힌다는 의식을 반영한다. 비판적 사고는 사고의 오류, 실책, 왜곡을 최소화하기 위해 사고의 과정에 대한 이해와 지성의 훈련을 추구하던 것에서 시작했다.

그런데 우리는 흔히 비판적 사고에 대해 부정적인 생각을 하는 것으로 인식한다. 타인의 주장을 부정적인 시각에서 의도적으로 꼬투리를 잡거나 흠집을 낼 목적으로 사고하는 것으로 인식하는 것이다. 이것은 하나의 잘못된 인식으로 비판적 사고를 부정적인 것으로 보게 되면 어떤 주장이나 입장 등에 대해 아무 생각 없이 수동적·무비판적으로 수용하게 되는 소극적인 태도를 취하게 된다. 또한 어떤 주제나 주장 등을 면밀하게 따져보지도 않고, 나와 다르거나 반대되는 생각에 대해서는 무조건 받아들이지 않으려고 하는 배타적·독단적 태도마저 보이게 된다.

그렇다면 비판적으로 사고한다는 것이란 과연 무엇인가? 비판적 사고는 어떤 주제나 주장 등을 적극적으로 분석하고 평가하는 능동적 사고를 의미한다. 즉 어떤 주제나 주장을 무조건 비난하려는 것이 아니라, 더 깊이 있고 폭넓게 이해하려는 것이 비판적 사고의 목적이라 할 수 있다. 기실 냉철한 이성에 따른 비판적 사고는, 인간의 감정이나 정서가 배제된 사고를 떠올릴 수 있다. 그러나 이것 역시 비판적 사고에 대한 오해다. 이런 오해 때문에 비판적 사고가 부정적인 것으로 인식될 수 있다. 물론 인간은 감정의 지배를 받게 되면 냉정하게 판단하지 못하는 경우가 분명히 있다. 그러나 비판적 사고를 위해 인간의 정서나 감정을 완전히 배제할 수만은 없다. 편견이나 진실 왜곡에 대한 분노의 정서나 보편적 진리에 대한 사랑과 같은 정서는 오히려 비판적 사고의 동기가 될 수 있기 때문이다. 이렇듯 인간의 정서가 비판적 사고에 장애가 될 수도 있지만, 때로는 비판적 사고를 더욱 고무하게 만들기도 한다. 따라서 그때그때의 상황에 따라 어떤 정서를 어느 정도 반영해야 할 것인가도 비판적으로 판단해야 할 문제이다. 이런 의미에서 비판적 사고에 입각한 비판은 감정적인 비난과는 엄격히 다른 것이다.

"비판적 사고란 바로 이러이러한 것이다"라고 간단히 정의 내릴 수는 없다. 하지만 비판적 사고가 지니는 중요한 특징들 몇 가지를 제시하면 다음과 같다. 우선 비판적 사고를 다른 말로 표현하면, 추리하는 사고다. 추리하는 사고는 인간의 이성적 능력을 바탕으로 하는 것으로서 아무 근거 없이 마구잡이로 머릿속에 떠오르는 생각들을 연상하는 것이 아니다. 추리하는 사고는 반드시 어떤 이유나 근거를 통해 이루어지므로 합당한 사고다. 또한 비판적 사고는 의식적이고 반성적인 사고를 말하는데 이는 인간의 이성에 따라 이루어지기 때문이다. 이때 사고의 대상은 자신의 생각은 물론이고 타인의 주장이나 사고, 글일 수도 있으며 어떤 특정한 주제일 수도 있다. 결국 비판적 사고는 이러한 것들을 끊임없이 되새김질하는 것이라고 할 수 있다.

결론적으로 비판적 사고는 "합당하게 추리하는 반성적 사고"이다. 어떤 주장에 대해 문제점을 제시하고 여러 가지 질문을 던지며, 또 그 질문에 대한 마땅하고 합리적인 답을 도출하기 위해 끊임없이 추리하는 사고인 것이다. 이때 질문하기 위해서는 반드시 비판적 사고를 구성하는 기본 요소들과 평가 기준을 정확히 알고 실행하는 것이 중요하다. 따라서 비판적 사고를 구성하는 요소들과 평가 기준들을 정확히 학습한 후 생각을 전개한다면, 보다 조직적이고 체계화된 사고를 할 수 있을 것이다.

그렇다면 구체적으로 비판적 사고의 구성요소를 공부하기에 앞서 비판적 사고에 대해 깊은 이해가 선행되어야 한다. 이를 위해 비판적 사고는 무엇인지, 일반적 사고와는 어떠한 차이가 드러나는지 먼저 비교해서 살펴볼 것이다.

2) 일반적 사고(thinking)와의 차이점

　　인간은 깨어 있는 동안 계속 생각한다. 아침부터 잠자리에 들기 직전까지 무수히 많은 생각을 한다. 이 생각의 범주는 아주 간단하고 사소한 문제에서부터 인생의 매우 중대한 결정에 이르기까지 광범위해서, 생각하지 않고 행동하는 경우는 거의 없다. 인간은 어떤 상황에 처해 있든 간에 생각을 통해 그에 맞게 목표를 설정하고 상황을 타개하며 문제를 해결하려 한다.

　　일반적인 생각은 상황의 가늠, 문제 해결, 질문과 대답 등에 적용된다. 주어진 상황에서 실제로 어떤 일이 일어나고 있는가? ○○○이(가) 나에게 관심이 있는가 없는가? 있다면 정말로 관심이 있는가? 내가 결정한 일에 대해 그 결과는 어떠할까? 내가 목표로 하는 일에 대한 최선의 준비는 무엇인가? 지금 내게 직면한 문제의 해결책은 무엇일까? 등등 수많은 문제들에 대한 해답을 구하고자 할 때 1차적으로 가장 중요한 것은 상황, 문제, 쟁점 등에 대한 우리의 이해다. 이러한 이해는 세계 속에서 무수히 발생하는 일들에 대해 나침반과 같은 역할을 한다. 낯선 곳을 여행할 때 나침반이 중요한 안내 기능을 하듯이 세계에 대한 올바른 인식과 이해는 우리를 목적지로 안내해준다. 올바르고 훌륭한 생각은 타인과 세계를 이해하고, 끊임없이 발생하는 문제를 해결하며, 분별 있는 결정을 내려 삶의 목표를 성취할 수 있게 한다. 반면에 그릇된 생각이나 바르지 못한 생각은 타인과 그를 둘러싼 세계를 오해하게 하고 문제를 일으키며, 시간과 에너지를 낭비하게 하여 결국 좌절과 고통을 야기한다. 따라서 올바른 생각이야말로 보람 있고 의미 있는 삶을 사는 데 없어서는 안 될 필수적 활동이다. 결국 생각은 인생의 성패를 가름하고, 더 나아가 생존 여부까지도 결정할 수 있을 만큼 중요한 요인인 것이다. 그러한 까닭에 우리는 끊임없이 생각하는 힘을 기르고 사고력을 강화시키는 일에 관심을 기울여야 한다.

　　그러나 생각을 잘하고 싶다고 해서 저절로 잘하게 되는 것은 아니기 때문에 올바른 생각을 하려면 그만큼 노력이 필요하다. 성인으로 성장하면서 누구에게나 안 좋은 사고 습관을 형성하게 된다. 예컨대 증거가 확실하게 없는데도 일반 진술로 만들어서 믿게 하고, 고정관념을 형성해 생각과 행동에 영향을 끼치게 한다든가, 때로는 그릇된 신념을 만들어 여러 가지 문제를 일으키곤 한다. 또한 세계나 상황을 다각적으로 보지 않고 하나의 관점으로만 보는 경향이 있으며, 나와 반대되거나 다른 의견을 무조건 무시하거나 공격하며, 나의 경험에만 절대적으로 의존하여 편의대로 생각한다. 그렇다면 이와 같은 부정적 사고 습관을 고칠 수 있을까? 올바른 사고 습관을 배우는 일이 가능할까? 적어도 지금보다 더 발전적이고 높은 수준으로 생각하는 일이 가능할까?

다행히 대학 교육은 우리의 생각하는 능력을 개발할 수 있는 훌륭한 기회를 제공한다. 대학 입학은 배움에 몰두하는 사람들의 공동체에 참여하게 되는 것이다. 대학의 각 전공 학문이나 교양 과목 영역에는 인간 경험의 중요한 어떤 차원을 탐구하고 발전시키기 위해 조직적이고 체계적으로 연구하는 사람들이 모인 집단이다. 그 안에서 지속적인 연구와 탐구를 통해 세계를 이해하고 나아가는 새로운 방식을 터득하게 되고 그 결과 우리는 의식 수준을 높이게 된다. 〈발표와 토론〉이라는 본 수업도 마찬가지로 생각 능력을 개발하고 비판적 사고에 따라 타인과 소통하고 토론하는 방법을 통해 우리가 지식 공동체에 입문하는 훌륭한 첫걸음이 될 수 있을 것이다.

비판적 사고는 훌륭한 사고의 표준이자 지표가 되는 사고라고 할 수 있다. 어떤 것에 대해 비판적으로 생각한다는 것은 마음속에 떠오르는 생각을 그냥 무조건적으로 수용하지 않는다는 것이다. 논의 대상에 대해 명료한 것인가, 정확한가, 사실인가, 정밀한가, 연관성이 있는가, 논리적인가, 폭이 넓은가, 깊이가 있는가, 충분한가 등을 촘촘하게 되짚어 따져야 한다. 바로 이런 요인들이 일반적 사고와 구분되는 특징이라 할 수 있다. 이는 대략 아홉 가지로 정리할 수 있는데 명료성, 정확성, 정밀성, 관련성, 중요성, 논리성, 다각성, 충분성, 심층성을 들 수 있다. 일반적 사고와 구분되는 아홉 가지 특징에 대해 구체적으로 살펴보기로 한다.

(1) 명료성(clarity, clearness)

명료성은 비판적 사고의 요인들 중에서도 가장 중요한 표준이 되는 것으로 마치 출입구에 해당한다고 할 수 있다. 생각을 표현하고 있는 진술이 명료하지 않으면 1차적으로 그 의미를 이해할 수 없고, 나아가 그 진술이 정확한 것인지, 적절한지 결정·판단할 수 없기 때문이다. 명료하다는 것은 쉽게 이해되거나, 오해 가능성이 없거나, 그 사고로부터 어떤 것이 도출되는지가 명백할 때를 의미한다. 따라서 애매 모호하거나, 혼란스럽거나, 오해하기 쉽거나, 또는 그 결과가 어떻게 도출되는지 알 수 없을 때 그 사고는 명료하지 않다고 여겨진다.

명료성에는 두 측면이 있는데, 하나는 내가 생각하고 있는 의미를 나 스스로도 명료하게 인식하고 있는지의 측면이다. 만일 내가 생각하고 있는 것을 자세히 설명할 수 있거나, 나 자신의 말로 표현하거나, 그것의 함의를 꿰뚫어볼 수 있으면, 그 생각은 나의 마음속에서 명료한 것이다. 또 다른 하나는 내가 생각하는 의미를 다른 사람이 쉽게 이해하도록 명료하게 표현하고 있는지의 측면이다. 그런데 이것은 맥락이나 상황에 따라 달라진다. 즉 어떤 대상을 명료하게 설명할 때 청자에 따라 방법이나 정도가 달라지기 때문이다. 예컨대 '종합성'에 대한 개념을 설명한다면 청자가 초등학생이냐 혹은 대학생이냐에 따라 선택할 낱말들은 달라지기 때문이다.

(2) 정확성(accuracy)

"한국인 여성 대부분은 몸무게가 50kg 이상 나간다"의 진술은 명료하지만 사실과 일치하지는 않는다. 때문에 이 진술은 정확하지 않을 수 있다. '정확하다'는 것은 실제 존재하는 그대로 나타낸다는 것을 의미한다. 우리는 종종 어떤 사물이나 상황·사건을 있는 그대로 진술하지 않고 사실과 불일치하게 설명하거나 기술한다. 생각이나 말이 사실과 일치하면 정확한 것이고 사실과 다르면 부정확한 것이다. 이때 '정확하다'라는 말은 경우에 따라서는 '옳다'나 '사실이다'라는 말로 대체해도 무방하다. 따라서 정확성은 진리나 사실과 관련된 요인이라고 할 수 있다.

훌륭한 사고를 하는 사람은 기본적으로 타인의 말을 주의 깊게 경청하고, 자신이 들은 것이 정확하고 옳은지 확인한다. 그러나 대부분의 사람들은 자기중심적 경향으로 너무나 자연스럽게 자신의 사고가 정확하고, 자신의 의견과 불일치하는 사람들의 사고는 부정확하다고 생각하는 경우가 대다수다. 그러나 이는 바람직하지 못한 태도로 지양해야 하며 다른 사람의 견해는 물론이고 자신의 견해도 정확하게 평가해야 한다.

(3) 정밀성(precision)

'모호성(vagueness)'의 반대 개념으로 쓰이는 '정밀성'은 어떤 진술에 대해 그 의미를 정확하게 이해할 수 있도록 세부 사항을 풍부하고 구체적으로 제시하고 있을 때 정밀하다고 한다. 그래서 말하고 있는 것의 의미를 파악하기에 충분한 자세한 내용을 제시하지 못하거나 구체적인 사항을 설명하지 않은 상태로 일반론을 말하게 되면 정밀하지 못하다고 한다.

정밀성과 명료성은 서로 관계가 있지만 각기 다른 측면에 초점이 맞추어져 있다. 예컨대 "아기에게 열이 있다"는 말은 무슨 뜻인지 이해할 수 있기 때문에 매우 명료한 진술이다. 그러나 이 진술은 정밀하다고는 할 수 없다. 왜냐하면 아기의 체온이 36℃ 이상이면서 정확히 몇 도인지 구체적으로 말하고 있지 않기 때문이다. 반면에 "아기의 체온이 40℃다"라는 말은 명료하면서 정밀한 진술이라고 할 수 있다.

물론 사고에 요구되는 정밀성의 정도는 진술하는 목적이나 상황적 맥락에 따라 달라진다. 예컨대 의학이나 과학에서의 수치는 한 치의 오차도 없는 정밀성이 요구되지만 "키가 얼마니?"라는 질문을 받고 "175.3345cm입니다"라고 대답한다면, 이 대답은 지나치게 정밀한 것이기에 맥락이나 목적에 부합하지 못한 것이라고 할 수 있다.

(4) 관련성(relevance)

사고가 아무리 명료하고 정확하며 정밀하더라도 주어진 과제나 문제와 연관이 없다면 소용없다. 관련성이 있다는 말은 그 사고가 현재 논의 중인 문제와 연결이 되며 이와 관련해 잘 맞아떨어진다는 것을 뜻한다. 모든 사고는 다른 어떤 사고들과 관련이 있다고 할 수 있다. 하지만 그렇다고 해서 그 사고가 모두 다른 사고와 직접적으로 적절한 관련이 있다고는 할 수 없다.

예컨대 학생들은 그동안 열심히 공부한 성적 결과가 좋지 않으면 실망하게 된다. 이때 학생들은 자기가 노력한 양과 그 과목의 성적 사이에 직접적 관계가 있어야 한다고 생각한다. 그러나 많은 시간을 들여 공부했다고 해도 핵심 내용을 제대로 파악하지 못했다든가, 그 방식이 비효율적이었다면 그동안의 노력이 학생의 성적과 무관한 경우가 종종 발생하게 되는 것이다.

(5) 중요성(importance)

어떤 주제에 대해 사고할 때는 가장 중요한 사항이 무엇인지 파악해야 한다. 우리가 어떤 문제에 대해 생각할 때 그것이 문제를 결정하는 일에 관련이 있으면 그 생각은 중요한 생각이다. 특히 그중에도 해당 문제 처리와 직접 관련이 있을 때 그 사고야말로 중요한 것이라 할 수 있다. 많은 사고가 해당 쟁점이나 문제와 관련이 있다고 해도 모든 사고가 똑같이 중요한 것은 아니다. 그러므로 가장 중요한 문제가 무엇인지 정확히 파악하고 별로 중요하지 않은 피상적인 물음에 사로잡히지 않도록 유의해야 한다.

(6) 논리성(logicalness)

우리는 다양한 사고를 할 때 어떤 순서에 따라 결합한다. 논리적 사고란 결합된 사고들이 상호 뒷받침하면서 이치에 닿거나 사리에 맞을 때 그 생각을 논리적이라고 한다. 반대로 사고들의 결합이 서로 뒷받침하지 못하고 앞뒤가 맞지 않거나 모순을 내포할 때 그렇게 결합된 생각은 비논리적이다. 논리성의 일반적 기준은 우리의 사고들이 서로 모순되지 않고 일관적인 흐름을 지니고 있는가 하는 문제와 관련이 있다. 더 나아가 추론을 통한 우리의 사고가 다른 사고로부터 도출되는지를 살피기 때문에 논리적 정당성 문제와 연관되어 있다.

(7) 충분성(sufficiency)

어떤 쟁점에 대해 생각할 때 우리는 필요한 사항들이 목적이나 요구에 맞게 충분히 고려되었는가를 되짚어보아야 한다. 충분하다는 말은 해당 목적에 맞게 충분히 추론했는지, 목적에 적합했는지, 필요한 모든 요인을 고려했는지를 살펴보는 것이다. 따라서 중요한 사항을 빠뜨리거나, 상황에 요구되는 필요를 충족시킬 만큼 충분히 추론하지 못하거나, 쟁점 사항에 대해 결론을 내리기 전에 다루어야 할 필수 요인들이 남아 있으면 우리의 사고는 불충분하다고 할 수 있다. 비판적 사고의 표준으로서 충분성은 정확성이나 관련성과 같은 다른 요인보다는 훨씬 덜 익숙하다. 사고의 과정에서 정확성이나 관련성을 이미 확보했다 하더라도 비판적 사고가 되기에는 충분하지 못한 것이다.

(8) 다각성(breadth)

우리의 사고가 명료성, 정확성, 정밀성, 관련성을 모두 충족한다 하더라도 종종 그 사고의 폭이 넓지 않을 수 있다. 관련 있는 모든 관점에서 문제를 살필

때 우리는 그 문제를 폭넓게(다각적으로) 생각한다고 할 수 있다. 다양한 관점이나 관련된 측면들을 고려하지 못하면 결국 편협하게 생각하는 것이다. 우리는 사고를 할 때 여러 가지 이유들로 편협한 생각에 치우치게 된다. 예컨대 교육의 정도, 자기중심주의, 자기기만, 지적 오만 등 수많은 이유들이 이에 해당한다. 우리는 자신과 다른 관점이나 의견을 가진 입장을 고려하기보다는 무시하기 쉬운데, 이는 다른 관점을 고려하는 것이 우리 자신의 관점을 재고하도록 요구하기 때문이다.

(9) 심층성(depth)

심층성이란 어떤 문제를 다룰 때 우리의 사고가 우선 표면적 요소를 살피고, 심층의 복잡성을 확인한 다음, 그 복잡성을 고려하여 문제를 다룰 때 깊이가 있다고 한다. 반면에 문제를 지나치게 단순하게 인식하거나, 복잡하고 다양한 사고의 과정을 요구하는 사안임에도 불구하고 그 복잡성을 인식하지 못할 때 우리의 사고는 매우 피상적일 수 있다.

예컨대 청소년 인터넷 게임 중독 문제와 관련하여 그 해결책을 질문 받았다고 가정하자. "청소년의 인터넷 게임은 무조건 금지하면 된다"고 답했다고 해보라. 이 답은 명료하고 정확하고 정밀하고 관련이 있는 답변일지는 모르지만 문제의 본질을 꿰뚫지 못하고 지나치게 피상적인 답을 제시하고 있는 것이다. 청소년들의 입시에 대한 압박감이나 스트레스 해소, 중독의 심리, 청소년의 문화 등등 여러 가지 사안을 고려하고 있지 않기 때문이다.

3) 비판적 사고의 구성요소

비판적 사고란 우리의 이성을 바탕으로 꼼꼼히 따져서 추리하는 반성적 사고를 말한다. 비판적 사고의 핵심은 추리에 있기에 이 부분에서 '비판적 사고'를 '추리'로 바꾸어 읽어도 괜찮다. 즉 비판적 사고의 구성요소는 다른 말로 추리의 구성요소라 해도 무방한 것이다.

그렇다면 이제 비판적 사고를 이루는 구성요소들은 어떠한 것들이 있는지 살펴보자. 자신의 생각 전개는 물론 타인의 생각을 비판적으로 사고할 때 이를 보다 체계적으로 적용·발전시킬 수 있을 것이다.

(1) 목적(purpose)

비판적 사고를 할 때는 항상 목적이 있게 마련이다. 아무 목적이 없는 사고는 절대로 비판적인 사고가 될 수 없다. 어떤 입장에 대해 비판적으로 사고한다는 것은 우선 그 주장의 목적이 무엇인지 파악하는 것이다. 또 우리가 가지고 있던 목적과의 연관 속에서 계속 생각해가는 것이다. 즉 모든 사고와 추론은 목적이 있으며, 명백함과 중요성, 성취 가능성, 목적의 일관성을 요구한다는 점을 기억해야 한다.

(2) 중심 문제(question at issue)

비판적 사고의 과정에는 반드시 하나의 중심 문제가 있게 마련이다. 중심 문제란 쟁점 사안의 목적을 달성하기 위해 해결해야 할 문제를 말한다. 모든 추론은 문제 해결 또는 질문에 대한 답을 구하는 것으로 이를 위해서는 필요한 사항들과 핵심적인 문제가 무엇인지를 정확하게 이해해야 한다.

(3) 개념(concept)

개념은 우리가 경험을 분류하고 조직화하고 해석할 수 있도록 도와주는 관념의 범주에 해당한다. 예컨대 우리가 수업 시간에 비판적 사고에 대해 탐구할 때 이와 함께 등장하는 '논리', '논증', '오류' 등의 여러 개념을 필수적으로 파악하고 있어야 가능한 것이다. 또한 개념 파악은 현재 논의되는 주제나 분야와 연관하여 등장하는 주요한 개념이 무엇인지를 파악하는 것이기도 하다. 예를 들어 '챗GPT'에 관한 쟁점이 벌어진다고 가정했을 때 우선 '챗GPT'가 무엇인지 개념 파악이 필요한 것이다. 이는 비판적 사고를 위한 기본적 항목이다.

모든 비판적 사고에는 당연히 어떤 개념이 사용된다. 개념 없이 우리는 일관되게 사고할 수 없고, 자연과 세계에 대한 다양한 경험을 조직적으로 엮어 나갈 수 없는 까닭이다.

(4) 가정(assumption)

모든 사고는 어떤 가정을 전제로 시작한다. 비판적으로 사고하려면 현재 어떠한 가정을 전제로 하고 있는지 정확하게 파악해야 한다. 이때 가정은 명시적으로 진술되기도 하지만, 대개는 진술되어 있지 않은 경우가 대다수다. 만약 가정하고 있는 전제나 배경지식이 잘못된 것일 때는 그것을 포기하고 새로운 가정을 수립해야 한다. 가정 설정에 처음부터 오류나 모순점을 내포하고 있다면 비판적 사고가 원활하게 이루어지는 데 한계로 작용하게 된다.

(5) 정보(information)

정보란 자료, 증거, 관찰 등 경험과 관련해서 얻는 것을 말한다. 비판적 사고의 과정에서 주제와 관련한 정보가 필수적으로 수반된다. 이때 정보의 수집과 분류 및 적용에도 비판적 사고가 적용된다. 즉 어떤 주장을 뒷받침하기 위해서 어떤 정보의 보완이 필요한지, 또 부족한 정보를 어떻게 얻을 것인지, 획득한 자료를 어떠한 방식으로 활용할 것인지를 모색하는 것도 비판적 사고의 일부인 것이다. 그러므로 우리는 정보 자체에 대해 생각하기도 하고, 어떤 주장이 어떤 정보와 관련이 있는지를 생각하기도 하면서 정보 자체에 대한 해석과 함께 그 정보가 함축하는 의미를 구별해야 한다.

(6) 추론(inference)을 통해 도달한 결론(conclusion)

비판적 사고는 어떤 생각, 즉 가정이나 전제로부터 추론하여 결론에 도달한 것을 파악하는 것이기도 하다. 추론은 전제에서 출발하여 뚜렷한 결론에 도달하는 완결된 형태의 사고 과정이다. 그것은 흔히 "이것이 이러하기 때문에 저것은 저러하다(혹은 아마도 저럴 것이다)"와 같이 표현되는데 '논증'은 이와 같은 추론을 언어로 표현한 것이다. 논증에서 얻은 결론은 주장 부분에 해당하며 전제는 결론(주장)을 뒷받침하기 위해 근거를 제공하는 부분이다.

예를 들어 A라는 사람이 다리를 심하게 떨고 있는 모습을 보았다고 가정하자. 그것으로 우리는 그가 현재 과도한 긴장 상태라는 결론에 도달한다. 비판적으로 사고하는 사람은 어떤 전제에서 그런 결론이 도출되는지 파악할 수 있다. 즉 A는 심하게 긴장할 때 다리를 떤다는 전제에 비추어 그러한 결론을 도출한 것이며 이러한 결론이 합당한지 역시 전제에 비추어 판단할 수 있어야 한다.

(7) 관점(point of view)

사람에게는 누구나 저마다의 관점이 있다. 어떤 사안에 대해 가지는 부정적 혹은 긍정적 관점은 우리가 의식하지 못할 수도 있지만 반드시 작용하게 되어 있다. 특히 비판적 사고의 과정에도 이는 적용될 수밖에 없다. 관점이나 준거틀에 의존하지 않은 비판적 사고는 가능하지 않으므로 자신의 사고가 어느쪽에도 기울지 않은 공정하고 중립적인 것이라고 무조건 주장해서는 안 된다. 이때 자신의 관점을 정확하게 평가하고, 다른 사람과의 의견이 충돌될 때는 관점의 차이가 무엇인지 파악하는 것도 비판적 사고의 일부다. 그러한 과정 속에서 혹시 자신의 사고가 어떤 관점에 지나치게 매몰된 경우를 발견·인정하고 나면 문제를 다른 관점에서 접근해볼 수 있는 여유와 대안을 제시할 수 있을뿐더러 폭넓은 시각과 사고의 지평을 확장할 수 있게 된다.

(8) 결론이 함축(implication)하는 귀결(consequences)

'귀결'은 추론으로부터 이끌어낸 결론에서 다시 어떤 사항을 도출할 수 있는 것을 말한다. 어떤 주장에서 명시적으로 도출된 것이 있다면, 그것은 추론의 결론에 해당한다. 반면에 귀결은 그 결론이 암암리에 내포하고 있는 그 이상의 내용을 말한다. 예컨대 결론을 실행했을 때 발생하는 이익이나 손해 같은 것이 될 수도 있다. 어떤 결론이 함축하는 귀결은 우리가 살펴보려는 말이나 글에 명시적으로 드러나 있지 않다. 결론을 다시 전제로 삼고 관련된 상황과 다른 배경지식들을 고려하여 그 속에 함축된 내용을 이끌어낼 수 있어야 한다.

(9) 맥락(context)

비판적 사고는 생각나는 대로 생각하는 것이 아니다. 항상 어떤 맥락이나 배경 안에서 이루어진다. 다시 말해 어떤 쟁점과 그것이 발생한 맥락이나 배경을 파악하고 상황을 정확히 이해하는 상황 속에서 비판적 사고가 이루어지는 것이다. 특히 비판적 사고는 역사적·사회적, 문화적 배경과 맥락 속에서 더욱 요구된다. 현대사회는 인터넷을 중심으로 한 대중 매체의 발달로 무분별한 정보의 홍수 속에 살고 있는데 이러한 사회·문화적 상황에서 비판적 사고를 함양하기 위한 노력이 절실하게 요구되는 까닭이다. 그러므로 비판적 사고는 논의하는 주제에 따라 역사, 정치, 경제, 사회, 문화, 과학, 언어, 개인 상황 등의 배경이나 맥락 속에서 논의해야 하며 때로는 특정한 맥락을 아는 것이 어떤 주제를 이해하는 데 아주 중요할 수도 있다.

(10) 대안(alternatives)

비판적으로 사고하다 보면, 앞서 설명한 아홉 가지 요소로 제시한 항목에서 각각 다른 생각을 제시할 수 있는데 이를 '대안'이라고 한다. 예를 들어 (자신 포함) 누군가가 내세운 주장의 목적에 대해 대안이 되는 목적을 생각해볼 수 있다.

비판적 사고의 과정에서 이 10가지 요소들은 각각 분리되어 작용하는 것이 아니라 서로 유기적으로 결합해서 복합적으로 나타난다. 예를 들어 정보에 대해 생각할 때, 우리는 그 정보가 어떤 주장을 지지하는가를 생각한다. 그리고 거기에 또 다른 정보가 필요하다고 생각할 수도 있다. 더 나아가 그 정보가 함축하는 바가 무엇인지 생각하면서 그 정보를 다른 주장을 위한 근거로 제시하기도 한다.

비판적으로 사고하는 것이 익숙하지 않은 사람들은 비판적 사고의 증진을 위해 이 10가지 항목에 의거해서 생각하면, 적어도 이전보다는 훨씬 더 체계적·조직적으로 사고할 수 있을 것이다. 비판적 사고를 연구하는 전문 학자들 사이에서도 이 요소들은 다양한 방식으로 연구되어 왔는데 이는 단지 비판적 사고의 측면들을 망라한 것이다. 여러분에게 주어진 각각의 주제와 경우에 따라 이 10가지 요소 중 더 중요하게 고려해야 할 요소들은 달라질 수 있다.

2

비판적
사고의
종류와
유형

사람은 생각하는 존재다. 이를 상징적으로 드러내는 작품 중에 로댕의
〈생각하는 사람〉이라는 조각상을 한 번쯤은 본 적이 있을 것이다. 턱을 괴고 생
각하는 모습은 고민하는 인간의 모습을 직설적으로 표현한 작품이다. 이렇듯
인간은 끊임없이 생각하고 생각하고 또 생각한다. 때문에 사고의 대상과 방식
은 여러 유형이 있을 수 있다. 그 가운데 '비판적 사고'가 있다.

비판적 사고는 그것이 사실 영역의 것이든 가치 영역의 것이든 간에 지금
까지 당연하게 받아들였던 관점 혹은 믿음에 대해 "그 근거는 무엇이며 그것
은 과연 정당한가?", "정말 그런가?", "달리 볼 수는 없을까?"라고 질문하는 데
서 출발한다. 특정한 문제 상황을 접해서 해결할 때, 타인과 어떠한 주제에 대
해 의견을 나눌때 혹은 특정한 문헌 자료를 읽을 때 등등 비판적 사고는 언제나
필요한 것이다. 그리고 비판적 사고는 감정적인 비판이나 나와 다른 주장을 부
정하는 선에서 머무는 것이 아니라, 자체의 논리적 정합성을 유지하면서 그 '무
엇'에 대해 새로운 시각에서 바라보고 나아가 그것이 개인의 삶과 사회에서 갖
는 의의를 되짚어보는 것까지 포함한다. 따라서 비판적 사고는 과거에서 현재
까지의 제반 자료를 분석·종합하고 다각적 시각에서 조명해본 뒤 타당한 근거

를 토대로 하여 일정한 사실과 믿음의 체계를 구성하는 작업이라고 할 수 있다. 이제 비판적 사고의 여러 가지 종류와 그 유형에 대해 알아보기로 하자.

1) 분석적 사고와 종합적 사고

분석적 사고와 종합적 사고는 나무와 숲의 예로 설명할 수 있다. 우리는 때로 "나무만 보고 숲을 못 보아서는 안 된다"거나 "숲만 보고 나무를 못 보아서는 안 된다"고 말한다. 이때 전자는 분석적인 것보다는 종합적인 것을 강조하고 있고 후자는 종합적인 것보다는 분석적인 것에 더 무게를 두고 있는 것이다. 여기서의 분석과 종합은 특정한 문제 상황과 그 속의 현안 문제에 관련된 것이지만, 그 활동은 분석적 사고와 종합적 사고를 바탕으로 한다. 따라서 특정한 문제 상황을 접했을 경우, 우리는 그와 관련된 요소들을 하나하나 정밀하게 분석해보는 사고와 더불어 그 요소들이 서로 어떻게 상호 연관성을 가지는지 전체적으로 고찰할 수 있어야 한다. 이렇게 문제 상황에 관련된 세부 요소들에 대한 분석과 경험, 그리고 종합적 사고를 통해 문제해결의 길이 열릴 수 있다.

그리고 텍스트를 대할 때도 마찬가지다. 우선 텍스트를 구성하는 세부 내용에 대한 면밀한 분석이 있어야 한다. 또 그 내용 요소들이 전체적으로 어떤 줄거리를 구성하고 있으며 그 요지는 무엇인지 종합적으로 고찰할 수 있어야 한다. 그뿐만 아니라 다른 사람들과 생각을 나누고 토론할 때도 상대방의 얘기를 경청하면서 그 안에 담긴 주장과 관점의 근거는 무엇이며 그 주장과 관점이 과연 타당한지를 분석하고, 주장의 핵심과 상대의 관점을 종합적으로 정리할 수 있어야 한다. 이러한 분석과 종합 과정을 뒷받침하는 분석적 사고와 종합적 사고는 개인적 차원은 물론 사회적 차원에서도 합리적인 해결방안을 찾고 나아가 그 지향 목표를 설정하는 데 꼭 필요한 것이라고 하겠다.

2) 논리적 사고와 정합적 사고

하나하나의 생각을 형식적 혹은 비형식적 오류 없이 진행하는 것을 논리적 사고라고 할 수 있다. 이에 비해 정합적 사고는 개별적 생각이 전체적인 사고 체계에 합치하는 것을 말한다.

(1) 논리적 사고

논리적 사고는 추리와 논증을 포함한다. '추리'는 하나 이상의 참 또는 참이라고 가정된 판단(전제)으로부터 다른 판단(결론)이 참이라는 것을 분명히 하는 사고작용을 말한다. 추리는 연역적 추리와 귀납적 추리로 구별된다. 추리가 사고방식과 그 과정이라고 한다면, 논증은 그것을 말이나 글, 언어로 표현한 것이다. 그러나 모든 논증이 다 논리적인 것은 아니다. 전제로부터 결론이 비논리적으로 추론된 것을 '오류'라 한다. 오류에는 형식적 오류와 비형식적 오류가 있다. 형식적 오류는 연역적 추론 규칙을 어겼을 때 발생하는 오류이고 비형식적 오류는 연역추론 규칙과는 상관없이 언어나 자료 사용의 잘못, 또는 심리적 요인에 의해 범하게 되는 오류를 말한다. 우리는 종종 이러한 논리적 오류를 범하게 되는데 이를 '비논리적'이라고 하는 것이다. 따라서 우리는 말할 때나 글을 쓸 때, 타인의 말을 경청하거나 글을 읽을 때에도 오류가 없는지 유의해야 한다.

논리적 사고가 결여되면 자신의 주장을 정당화하기 어려운 것은 말할 것도 없고 글쓰기에도 마찬가지로 난삽한 글을 쓰게 될 뿐이다. 또한 특정한 문제 상황시에도 관련 요소들의 선후 연관성을 파악하기 어려워 결국 문제 해결은 더욱 힘들어지게 되는 것이다. 텍스트 이해에서도 전후 맥락을 놓치기 일쑤여서 전체적인 의미 파악을 제대로 할 수 없다.

(2) 정합적 사고

어떤 사물이나 상황 또는 텍스트를 바라보고 이해한다고 할 때 사고와 사고 사이에는 서로 톱니바퀴처럼 딱 들어 맞는 정합성이 있어야 한다. 물론 특정한 사물이나 상황 또는 텍스트를 대할 때 한 가지 관점에서만 보거나 이해할 수 있는 것은 아니다. 많은 경우 다양한 관점이 있을 수 있다. 그때 각각의 관점과 이해의 시각이 얼마만큼 그럴듯한가는 근거가 충분한가, 또 관점과 이해의 시각을 구성하는 사고의 정합성이 얼마만큼 있느냐에 달려있다. 말하거나 글을 쓸 때도 마찬가지다. 만약 사고의 정합성이 떨어진다면, 주장을 담아 길게 설명한 말이나 글이라도 단지 파편적 사고의 결합에 불과할 뿐 어떤 체계적인 사고로 구성된 것은 아니다.

개인적 사고의 정합성은 집단적 사고에도 적용된다. 근대의 물리학 이론은 기본적으로 뉴턴의 절대 시간과 공간 개념에 기초했다. 적어도 아인슈타인의 상대성이론을 통해 시간과 공간이 상대적임을 밝히기 전까지 뉴턴의 시공간이론은 진리였다. 그리고 그 시공간 이론을 전제로 성립된 모든 과학 이론도 참이라고 받아들여졌다. 왜냐하면 그것은 이론상 자기정합성을 갖추었기 때문이다. 그러나 아인슈타인의 등장으로 이러한 집단적 사고에 변화가 초래된다.

아인슈타인은 1915년 발표한 일반상대성이론을 통해 질량을 가진 물체에 의해 공간이 어떻게 휘어지는지를 정확히 묘사했다. 그리고 중력의 힘이 약해질수록 시간이 빨라진다고 했다. 또 특수상대성이론을 통해 빠른 속도로 이동하는 물체에서는 시간이 느려진다고 밝혔다. 아인슈타인의 상대성이론에 의한 시간의 보정은 현재 위성위치확인시스템에 적용되고 있다. 지표면에서 2만 킬로미터 위에서 지구 주위를 도는 위성의 세슘 원자시계는 중력이 약함에 따라 지표면보다 하루에 45m/s 더 빨라진다. 그러나 시속 1만 4천 킬로미터의 속도로 돌기 때문에 하루에 7m/s 정도 시간이 느리다. 따라서 일반상대성이론과 특수상대성이론 두 가지를 다 고려한다면, 결국 위성의 시계는 하루에 지표면보다 38m/s 정도 빠르다. 즉, 한 달에 약 1초 이상의 오차가 생긴다. 따라서 우리가 자동차로 내비게이션을 이용해 원하는 곳에 가기 위해서는 상대성이론에 따라 시간상의 보정이 필요하다. 이제 더 이상 절대 시공간이론은 과학적 진리가 아니며, 상대 시공간이론이 현실에 반영되고 응용된다. 현대의 과학기술은 시공간에 관한 새로운 이론체계에 합치하는 정합성을 확보할 때, 현대의 과학기술도 비로소 유효한 성과를 산출해낼 수 있다.

편집이 곧 창조다 – 에디톨로지의 세계

창조는 어디에서 오는가? 전통적으로 우리는 창작이란 "무에서 유를 창조하는 행위"라고 생각해왔다. 그러나 현대사회에서는 새로운 아이디어가 완전히 독창적인 것이 아니라, 기존의 정보를 재조합하고 변형하는 과정에서 탄생한다는 개념이 주목받고 있다. 이를 설명하는 개념이 바로 '에디톨로지(editology)'다. 에디톨로지는 '편집'을 의미하는 edit와 '학문'을 뜻하는 ology의 조합으로 김정운 교수가 자신의 저서 '에디톨로지(editology)'에서 제안한 개념으로, 모든 창작 행위는 기존의 것을 편집하는 과정에서 이루어진다고 주장한다. 즉, 새로운 것은 전혀 새로운 상태에서 만들어지는 것이 아니라 기존의 자료를 조합하고 배치하는 편집 작업을 통해 탄생한다는 것이다. 이를 통해 우리는 창조성을 단순히 '새로운 것을 만들어내는 것'이 아니라, '기존의 것을 새로운 방식으로 재구성하는 것'으로 이해할 수 있다.

1) 편집이 만들어내는 혁신

에디톨로지는 단순한 이론적 개념이 아니라, 실제로 현대사회

에서 다양한 방식으로 구현되고 있다. 대표적인 사례로는 구글(Google)의 검색 알고리즘이 있다. 구글은 자체적으로 정보를 생산하지 않지만, 방대한 정보를 가장 효율적인 방식으로 배열하여 사용자에게 제공한다. 이는 단순한 정보 나열이 아니라, 사용자의 의도와 맥락을 고려하여 편집하는 과정을 거친 결과다.

영상 스트리밍 서비스인 넷플릭스(Netflix)도 마찬가지다. 넷플릭스는 자체 제작 콘텐츠뿐만 아니라, 기존의 영화를 데이터 기반의 편집 시스템을 활용해 추천하는 알고리즘을 적용하여 최적의 콘텐츠를 사용자에게 제공한다. 즉 넷플릭스의 성공 비결은 단순한 콘텐츠 제공이 아니라, 어떤 콘텐츠를 어떻게 편집하여 제시할 것인가에 있다. 이러한 편집적 사고는 음악과 패션 산업에서도 두드러진다. 음악에서는 과거의 곡을 활용한 샘플링(sampling) 기법이 널리 쓰인다. 예를 들어, 프랑스의 일렉트로닉 듀오 다프트 펑크(Daft Punk)는 1970~1980년대의 음악을 샘플링해 현대적 감각으로 재구성하며 새로운 음악적 흐름을 창출했다. 패션 산업에서도 기존의 빈티지 스타일을 현대적인 감각으로 재해석하는 과정이 반복되면서 새로운 트렌드가 형성되고 있다.

2) 디지털 시대, 편집이 곧 창조다

현대의 디지털 환경에서는 편집의 중요성이 더욱 부각된다. 유튜브, 틱톡(TikTok) 등 소셜미디어 플랫폼에서는 단순한 콘텐츠 생산보다 기존의 자료를 조합하여 새로운 의미를 부여하는 편집 능력이 더욱 중요해지고 있다. 짧은 영상을 효과적으로 편집해 의미 있는 메시지를 전달하거나, 기존 콘텐츠에 새로운 해석을 추가하는 방식이 창조적인 콘텐츠로 인정받고 있다. 결국, 창조란 완전히 새로운 것을 만들어내는 것이 아니라, 기존의 것을 어떻게 조합하고 재해석할 것인가에 대한 고민에서 시작된다. 에디톨로지는 이러한 창조의 원리를 설명하는 강력한 개념으로, 앞으로의 교육과 산업 전반에서 더욱 중요한 역할을 하게 될 것으로 보인다.

3) 다각적 사고와 반성적 사고

(1) 다각적 사고

고정된 하나의 관점에서만 어떤 것을 이해하는 방식을 버리고 다각적 관점에서 생각하는 것을 다각적 사고라고 한다. 동서고금의 문화사적 전통을 살펴보자면, 지금까지 인간중심주의, 이성중심주의, 남성중심주의 등과 같이 '~중심주의'라는 하나의 표준을 설정하고 그에 입각하여 사고하고 이해하는 경우가 많았음을 확인할 수 있다. 그러나 그 근거는 무엇이며 과연 타당한가를 되묻다 보면 그 외 여러 가지 다양한 시각이 있음을 알게 된다.

예를 들어 인간의 관점에서 사물을 바라보는 것은 자기 삶의 방식으로 사물을 대하는 것이다. 장자는 이러한 인간중심주의적 관점을 버리고 개별 사물의 입장에서 생각해볼 것을 주장했다. 사실 세상에는 인간 이외에 수없이 많은 다른 존재들이 있음에도 인간들은 그들의 뛰어난 지적 능력을 믿고 다른 존재들을 정복하고 이용해왔다. 그 결과 자연환경을 파괴하거나 생태계를 오염하는 지경에까지 이르고 말았다. 그러나 만약 우리가 이 세계 내의 모든 존재들과 하나의 연관 구조 속에 놓여 있음을 인지하고 인간은 세계의 한 부분에 지나지 않음을 직시한다면 환경오염이나 생태파괴는 세계를 파괴하는 것임과 동시에 그것은 스스로를 파괴하는 것임을 깨닫게 될 것이다.

자기 자신의 존속을 기획하면서 스스로를 파괴하는 것은 자기모순이다. 자기모순을 탈피하기 위해서라도 기존의 인간중심주의를 버리고 새롭게 자연환경과 생태계를 바라볼 수 있어야 한다. 서구중심주의, 자민족중심주의, 자문화중심주의 등과 같은 입장에 대해서도 기존의 시각과는 다른 입장이 있을 수 있다는 점을 염두에 둘 필요가 있다.

(2) 반성적 사고

반성적 사고는 사고에 대한 사고다. 어떤 텍스트를 읽을 때 1차적으로는 그 안에 들어 있는 사고의 내용 요소를 분석·종합하게 되지만, 우리는 1차적 의미에서 만족하면 안 된다. 한 걸음 더 나아가 그것이 담고 있는 참된 가치와 의의가 무엇인지를 되물을 수 있어야 한다. 개인의 삶에서 지행합일을 꾀하거나 공동체 생활에서 정의 같은 공동선 실현을 추구하는 데는 반성적 사고가 반드시 필요하다. 왜냐하면 사고한 바를 진리, 자유, 정의, 선과 같은 보편적 가치에 준해 다시 사고하는 반성을 통해 우리는 개인적·공동체적 삶을 더 잘 꾸려갈 수 있는 지혜를 얻을 수 있기 때문이다.

반성적 사고는 소가 여물을 먹고 다섯 번의 되새김질을 통해 비로소 그 영양분을 자신의 뼈와 살로 만드는 작용에 빗댈 수 있다. 바로 다양한 사고 안에 담긴 의미를 되새겨봄으로써 그것의 진정한 가치와 의미를 개개인의 삶과 공동체적 생활에서 구현할 수 있게 될 것이다.

3

비판적
사고의
방법

1) 비판적 사고 기술

구분	내용
논리적 측면	진술을 구성하는 개념들 명료화
	진술들 사이의 일관성 및 모순성 확인
	전제들을 찾아내고 추론의 형태로 구성
	추론의 논리적 타당성 검토
	논리적 오류 탐색
사실적 측면	진술의 의미 명료화
	사실과 의견 구분
	정보 출처의 신뢰성 결정
	진술에 대한 검증 여부 확인
	진술의 강도 결정
관점 측면	숨은 가정이나 전제 이해
	추론에 등장한 원리의 적절성 여부 확인
	다른 원리들 고려
	원리들 사이의 우선순위 결정
	결과 예측

2) 비판적 사고를 증진시키는 전략

① 다른 것을 묻는 질문을 예견한다.
② "그 밖에?"라고 묻는다.
③ 생각한 것을 말하거나 글로 쓴다.
④ 전문가에게 생각한 것을 말해주기를 요청한다.
⑤ "…라면 무엇이…?"라고 묻는다.
⑥ "왜?"라고 묻는다.
⑦ 자신의 말로 바꾼다.
⑧ 비교하고 대조한다.
⑨ 정보를 조직하고 재조직화한다.
⑩ 자신의 사고에서 결점을 찾는다.
⑪ 자신의 사고방식 내의 결점을 다른 사람에게 찾아달라고 요청한다.
⑫ 좋은 습관을 개발한다.
⑬ 정보를 다시 고찰한다.
⑭ "모르는데…" 또는 "확실하지 않은데…"라는 말을 "내가 찾을 필요가 있다" 또는 "찾아야 한다"는 말로 대체한다.
⑮ 실수를 학습의 기회로 전환시키며, 자신의 실수를 공유한다.

3) 비판적 사고의 적용

(1) 텍스트 안에 담긴 요소들

① 쟁점이 되는 문제
② 개념: 개념의 사전적 정의가 분명하고 명료해야 한다.

③ 정보: 텍스트에 관한 정보는 결론에 관련성이 있어야 하고, 그 결론을 지지하기에 충분해야 하며, 사실에 부합해야 한다.

④ 전제: 결론을 추론해내기 위한 기초가 되는 명제

⑤ 결론: 전제들로부터 논리적으로 귀결되는 주장

(2) 텍스트 밖에 있는 요소들

① 목적: 논증을 하는 이유

② 함축: 텍스트로부터 추론할 수 있는 더 나아간 귀결이므로 찾아봐야 함.

③ 관점: 독자의 주관적인 부분

④ 맥락: 독자가 처한 시·공간적 정황

4

비판적
사고의
측정

요인	내용	점수
지적 열정 & 호기심	나는 모르는 문제가 발견되면 알 때까지 노력한다.	
	나는 모르는 것을 알기 위해 열성적으로 노력한다.	
	나는 궁금한 것이 있으면 질문하여 알려고 노력한다.	
	나는 잘 모르는 일이 어떻게 이루어지는지 이해하려고 애쓴다.	
	나는 복잡한 문제라도 기꺼이 풀어나가려고 애쓴다.	
신중성	나는 어떤 판단이나 결정을 내릴 때 서둘러 결론짓는 편이다.	
	나는 결정할 때 충분히 생각하지 않고 속단하는 경향이 있다.	
	나는 빨리 판단하지 않고 거듭 생각하는 편이다.	
	나는 충분한 근거가 확보될 때까지 판단을 보류하고 심사숙고한다.	
자신감	나는 어려운 일도 스스로 헤쳐나갈 수 있다고 생각한다.	
	나는 결정할 사항이 있으면 남에게 의존하지 않고 스스로 한다.	
	나는 문제를 해결해나갈 때 자신의 추론 능력을 믿는다.	
	나는 복잡한 문제를 내 기준에 따라 판단하고 처리한다.	

요인	내용	점수
체계성	다른 사람들이 나를 평할 때 논리적이라고 한다.	
	나는 결론을 내릴 때 시작부터 끝까지 대체로 논리적이다.	
	나는 풀어야 할 문제를 체계적인 문제해결 과정에 적용한다.	
지적 공정성	나는 내 의견에 대한 비판을 기꺼이 받아들인다.	
	나는 만약 확실하게 잘못한 것이 있다면 기꺼이 인정한다.	
	나는 내 의견이나 다른 사람의 의견을 공평하게 생각한다.	
	나는 내 생각과 달라도 사실이라면 그것을 받아들인다.	
건전한 회의성	나는 옳다고 믿는 것들이 잘못된 것은 아닐까 하는 생각을 할 때가 있다.	
	나는 사람들이 당연하다고 인정하고 있는 것에도 종종 의문이 생긴다.	
	나는 책에 있는 내용이라도 의문이 생길 때가 있다.	
	나는 일상적으로 하던 일도 새로운 것처럼 다시 생각해볼 때가 있다.	
객관성	나는 어떤 주장이든 타당한 근거가 필요하다고 생각한다.	
	나는 내 신념에 대해 나름대로 근거를 가지고 있다.	
	나는 다른 사람의 의견에 동의하지 않을 때 이유를 설명한다.	

* 매우 그렇다 5, 그렇다 4, 보통이다 3, 그렇지 않다 2, 매우 그렇지 않다
* 측정 결과 응용 예시: 96점 이상 우수, 95~60점 보통, 59점 이하 부족
출처: 윤진(2004), 「비판적 사고 성향 측정 척도 개발: 간호학을 중심으로」, 가톨릭대학교 박사학위논문.

요약

1. 빠르게 변하는 현대사회에서는 정보의 유효 기간이 짧아지고, 정보를 통해 사고할 수 있는 능력이 떨어지고 있다. 이런 상황에서 필요한 것은 정보의 소유가 아닌 정보의 비판적 재구성이며, 변화에 대응하는 문제해결 능력이다.

2. 비판적 사고는 소극적이고 독단적인 태도가 아니며, 적극적으로 분석하고 능동적으로 평가하며, 합당하게 추리하는 반성적 사고로 비난과 구별된다.

3. 일반적인 사고는 증거가 없는 진술이거나 고정관념에 따른 사고, 다른 생각의 배제 등을 통해 구성되지만 비판적 사고는 명료성, 정확성, 정밀성, 관련성, 중요성, 논리성, 충분성, 다각성, 심층성의 특징을 갖는다.

4. 비판적 사고는 목적, 중심 문제, 개념, 가정, 정보, 추론을 통해 도달한 결론, 관점, 결론이 함축하는 귀결, 맥락, 대안의 구성요소를 지닌다.

5. 비판적 사고는 분석적 사고와 종합적 사고, 논리적 사고와 정합적 사고, 다각적 사고와 반성적 사고의 하위 요소로 구분된다.

학습 활동

1. 과거에 사실이었던 것이 현재는 사실이 아닌 것을 찾아보고, 정보의 소유보다 정보의 비판적 재구성이 더 중요한 이유에 대해 함께 이야기해봅시다.

2. 다음에 제시된 일반적 사고의 진술 중 하나를 선택한 후 비판적 사고의 특징을 적용해 사고를 확장해봅시다.

- 피는 물보다 진하다.
- 먼 친척보다 가까운 이웃이 낫다.
- 사공이 많으면 배가 산으로 간다.
- 세 살 버릇 여든 간다.
- 티끌 모아 태산

3. 최근 SNS와 인공지능의 발달은 인간의 비판적 사고에 일정한 영향을 미칠 것으로 예측되고 있습니다. 아래의 두 글을 읽고, 그에 대한 자신의 생각을 정리해봅시다.

첫 번째 글

드라마 「무빙」을 볼 때는 푸른색 내지 옅은 노란색을 유지하던 뇌의 전전두엽 부위가 숏폼을 본 지 1분이 채 지나기도 전에 붉은색으로 변했다. 푸른색은 뇌가 편안한 상태라는 것을 나타내고, 노란색에서 붉은색이 될수록 뇌가 많이 활성화됐다는 의미다. 즉, 숏폼이 그만큼 빠르게 뇌를 활성화시킨 것이다.

물론 뇌가 빠르게 활성화되는 것을 무조건 나쁜 현상이라고 볼 수는 없다. 그만큼 뇌를 잘 활용하고 있다는 의미이기도 하기 때문이다. 실제 숏폼을 교육이나 유익한 정보 전달에 활용하면 학습 효과를 높일 수 있다는 연구 결과들도 있다.

이렇게 강하고 빠른 즐거움은 강한 중독성을 일으키는 원인이 될 수 있다. 홍순범 서울대 정신건강의학과 교수는 "자극이 입력되고 빠르게 쾌감을 줄 때, 더 빠른 자원의 고갈을 가져올 때 중독성이 더 강하다"며 "그런 관점에서 숏폼 영상이 롱폼 영상보다 뇌를 쉽게 지치게 하고, 중독성이 더 강한 성질을 지니고 있다고 볼 수 있다"고 했다.

이런 자극이 지속되면 뇌에는 일종의 '내성'이 생긴다. 내성이 쌓이면 기존의 자극보다 더 큰 자극이 와야 활성화된다는 의미다. 이런 상황이 지속되면 자극이 적은 평상시에는 뇌의 활성이 떨어져 있게 된다. 마치 일시적으로 활력을 얻기 위해 자양강장제를 매일 마시다 보면 나중에는 자양강장제 없이는 체력이 더 떨어져버리는 것과 비슷하다. 실제 게임 중독자들의 뇌를 관찰해보면 일반인에 비해 전두엽 부위의 활성이 매우 떨어져 있는 것을 확인할 수 있다. 이 경우 긴 시간 주의를 요하는 복잡한 정보 처리 능력이 약화되고 충동 조절이 어려워질 수 있다.

출처: 최지원 · 장은지, "숏폼에 중독된 사회… 내성 쌓인 뇌, 충동조절 약화", 「동아일보」, 2025. 2. 3.

두 번째 글

영상을 통해 흡수하는 엄청난 정보, 슈퍼 사피엔스(Super sapiens)로 성장

디지털 세상의 연결성은 지식의 흡수를 통해 더욱 강화됩니다. 그동안 책을 통해 정보를 얻고 학교 교육을 통해 생각의 기반을 만들어왔던 인류의 뇌는 디지털 신대륙에서 새로운 경험을 쌓아가고 있습니다.

영상으로 정보를 흡수하는 속도와 분량은 엄청납니다. 특히 뇌와의 연결성과 즉각적으로 지식을 습득하는 속도는 책을 읽는 것과 비교도 되지 않습니다. 인류는 호기심을 느끼고 궁금증을 느낄 때마다 언제든 그 지식과 연결될 수 있습니다. 디지털 공간에서 학습한 인재들이 디지털 문해력을 갖춘 슈퍼 사피엔스로 성장합니다.

출처: 최재붕(2022), 『최재붕의 메타버스 이야기』, 북인어박스.

3장

말

말하기의 전략

자기소개는 다양한 상황에서 '나'에 대해 발표하는 행위의 하나다. 즉, 나를 가장 잘 아는 사람인 '나'가 '나'와 관련된 많은 정보 가운데 어떤 정보를, 어떤 상황에서, 어떻게 전달할 것인가를 구성하는 행위다. 그러므로 자기소개에서는 발표자 자신에 대한 숙고와 이해가 필요하다.

학습 목표

1. 말하기의 구성요소를 파악하고 의사소통 방식을 알아본다.

2. 프레젠테이션을 활용하여 말하기의 전략으로 적용해본다.

3. 스토리텔링 자기소개를 이용하여 본인만의 자기소개를 완성해본다.

1

언어적
의사소통과
비언어적
의사소통

　말하기의 구성요소는 언어적인 요소와 비언어적인 요소로 나눌 수 있다. 언어적인 요소는 정보를 의미하는 콘텐츠와 한 덩어리의 글을 뜻하는 텍스트로 구성되어 있다. 비언어적인 요소는 손동작이나 몸짓을 활용한 신체언어, 말하는 어조나 말의 속도 같은 유사언어, 상대방과의 친밀도에 따른 거리 관계를 뜻하는 공간언어로 구성된다.

　앨버트 메라비언은 의사전달 과정에서 영향을 미치는 요인에 대해 신체 요소가 55%, 준언어적 요소가 38%, 음성언어가 7%를 차지한다고 제시했다.

메라비언의 연구 이전에 버드휘스텔은 의사소통에서 비언어적 신호가 65%, 음성언어가 35%를 차지한다고 제시한 바 있다.

1) 언어적 표현

언어적 표현은 단어, 문장, 문법 등을 사용하여 이루어진 표현 방식을 의미한다. 그중 가장 중요한 것은 정보(콘텐츠)다. 사람들이 집중하는 것은 1차적으로 화자가 지닌 외형적인 이미지나 음성, 어조일 수 있다. 그러나 시간이 지날수록 사람들이 원하는 정보 자체가 더욱 중요해진다. 작은 목소리에 왜소해 보일지라도 "부동산 투자 이렇게 하면 됩니다"라는 말을 들으면 청중은 순식간에 집중하게 된다. 청중의 집중도를 유지하기 위해서는 정보(콘텐츠)를 구성하는 요인도 파악해야 한다. 합리적인 근거, 진솔한 전달력, 그리고 짜임새 있는 구성 등을 말한다.

2) 준언어적 표현

준언어(paralanguage)는 인간이 언어를 사용할 때 동반되는 비언어적 음성 요소를 의미하며, 이를 통해 말의 의미를 강화하거나 수정할 수 있다. 준언어적 표현은 음성적 요소, 비음성적 요소, 감정 표현적 요소로 구분할 수 있다. 음성적 요소는 말의 고저를 통해 감정과 태도를 나타내는 높낮이(pitch), 말의 빠르기를 통해 메시지의 긴박성이나 감정 상태를 나타내는 속도(speed), 특정 단어나 문장을 강조하여 의미를 변화시키는 강세(stress)나 어조(tone), 음성을 내는 행위를 통해 전달력을 높여주는 발음과 발성, '음…', '어…' 같은 표현으로 말의 흐름을 유지하면서 생각을 정리하는 간투사(間投詞, filler words) 등이 있다. 비음성적 요소는 의도적인 침묵이나 머뭇거림으로 의사소통에 중요한 의미를 부여하는 침묵과 일시정지(Silence and Pause)가 있으며, 감정 표현적 언어는 감정을 전달하는 주요 수단인 음색, 언어적 표현 없이도 감정을 나타낼 수 있는 웃음·한숨·탄식 등이 있다. 준언어적 표현은 말하는 사람의 감정 상태를 전달하는 역할뿐 아니라 대화에서 말하는 순서를 조절하는 역할, 침묵이나 억양을 통해 화자의 의도를 조정하는 역할을 담당한다.

(1) 높낮이

발표할 때는 목소리의 크기를 고려해야 한다. 목소리가 너무 작으면 청중이 답답한 느낌을 받게 되고, 목소리가 너무 크면 소음으로 들릴 우려가 있다. 따라서 적당히 큰 소리로 발표해야 하며, 청중의 수와 발표 장소의 크기를 고려하여 목소리의 크기를 정해야 한다. 최근에는 마이크가 보편화되면서 목소리의 크기를 마이크의 음량으로 조절할 수 있다. 발표하기 전에 마이크의 음량 테스트를 통해 청중이 듣기 알맞은 소리를 찾아야 한다.

1음	속삭이는 듯한 소리
2음	일상적인 대화나 토론
3음	방송국 아나운서 톤
4음	프레젠테이션이나 스피치
5음	쇼핑호스트 소리
6음	대중 연설

(2) 속도

　말의 빠르기는 청중의 이해도와 관련이 깊다. 발표자가 말을 빠르게 하면 청중은 발표 내용에 대한 이해도가 떨어지게 되고, 말을 느리게 하면 청중의 이해도는 높아지나 지루하게 느낄 수 있다. 상황에 맞게 적당한 빠르기를 조절하는 것이 중요한데, 기본 발표 속도는 일상적인 대화 속도보다 20% 느리게 하는 편이 좋다. 중요한 개념이나 정보를 전달할 때는 조금 느리게, 중요하지 않은 상황 묘사나 경험담을 언급할 때는 조금 빠르게 진행해야 한다.

(3) 어조

　청중의 관심을 끌기 위해서는 어조의 변화를 활용해야 한다. 음의 높낮이와 말의 강약을 조절하여 청중이 지루하지 않게 해야 한다. 활기차고 강한 어조는 말하고자 하는 바를 정확하게 전달할 수 있고, 음의 높낮이를 변화시켜 청중의 관심을 유도할 수 있다. 발표 도중 침묵(pause)을 적절하게 사용하여 청중의 이해와 집중도를 높일 수 있다. 숨 고르기에 좋은 때는 보통 긴 문장의 끝이나 문장 사이의 접속사, 그리고 청중에게 질문할 때다. 주의해야 할 어조로는 다음과 같은 어조를 들 수 있다.

① 웅변조: 필요 이상 큰소리로 말하고 문장의 끝부분에 힘을 주는 스타일
② 설교조: 단어의 첫 음절을 강하고 길게 발음하는 스타일
③ 낭독조: 한 음절 한 음절 또박또박 발음하며 빠르게 진행하는 스타일
④ 구연조: 단어 하나하나에 감정을 넣어 정감 있게 표현하는 스타일

명령조	질문은 하지 말고 대답만 해.
짜증조	누가 내 물건 건드렸어?
무시조	니가 그렇지 뭐.

부정적 감정은 부정적 어조를 구현할 수 있다.

어조가 의사소통에 미치는 영향에 관한 연구

네이버 사전에 따르면, 어조는 말의 가락(높낮이와 길이)을 의미하고 억양, 말투와 유사한 의미다. 메시지의 전체적인 맥락에서 어조를 파악한다면 어조는 내용이나 주제에 대한 커뮤니케이터의 태도로 정의될 수도 있는데, 메시지에 대한 태도는 다양하기 때문에 무수한 어조의 경우를 상정할수 있다(엄해영, 1996). 다양한 어조 중 활기찬 어조는 공격적인 성향으로 파악될 수 있으며, 현실적이고 평범한 보통의 말투는 공격적인 성향을 감소시킬 수 있다(Hart, 2000). 활기찬 어조는 위험을 회피하는 성향과 관련이 있는데, 활기찬 어조가 강할수록 위험을 선호하는 경향으로 파악된다(Surroca et al., 2016).

어조는 인간의 감정과 깊은 관련이 있다. 최지원·정영주·김지아·허경호(2019)는 인간의 기본 감정에 따라 16개의 긍정적인 어조와 36개의 부정적인 어조를 구분하여 제시한다. 특정 감정에 상응하는 어조가 존재한다는 것이다. 펠드만, 필리포, 커스트리니(Feldman, Philippot & Custrini, 1991)는 어조를 포함한 비언어적 요소는 인간의 감정을 표현하는 중요한 수단임을 제시한다. 특정 어조의 구현은 특정 감정의 표현이며, 특정 감정 경험의 결과는 어조를 통해 나타날 수 있다는 것이다.

로스만과 노비츠키(Rothman & Nowicki, 2004)는 어린아이조차 어조를 통해 상대의 기분을 파악할 정도로 어조는 감정과 깊은 연관이 있음을 제시했다. 나이가드와 런더스(Nygaard & Lunders, 2002)는 어조가 단어의 의미를 인식하는 데 영향을 미친다는 결과를 제시했다. 정서적 의미와 중립적 의미를 모두 지닌 동음이의어라도 정서적 의미와 일치하는 어조로 구현될 때  반응적인 태도가 더욱 강하게 나타난다는 것이다. 이는 감정적인 어조가 단어의 의미를 선택하는 데 편향 작용을 일으켜 모호한 의미의 단어를 처리하는 데 영향을 미쳤기 때문이라고 보고한다.

 어조가 메시지에 대한 감정적 인식을 넘어 메시지에 대한 효과에 영향을 미친다는 연구도 있다. 래플랜테와 앰배디(Laplante & Ambady, 2003)는 말하는 방법이 공손함에 대한 인식에 어떤 영향을 미치는지 연구했다. 이 연구는 긍정적인 메시지라도 부정적 어조로 구현된다면 부정적으로 평가될 수 있음을 제시한다. '진술'의 경우 긍정적인 내용은 공손한 인식을 줬지만, 부정적인 내용은 그렇지 않았다. 반면 '질문'의 경우 긍정적 어조라면 내용에 상관없이 공손한 인상을 심어줬다. 긍정적인 어조는 메시지와 무관하게 공손한 사람으로 보였지만, 부정적인 어조는 강도를 높일수록 무례한 사람이라는 인식이 증가했다.

앰배디와 동료들(Ambady, LaPlante, Nguyen, Rosenthal, Chaumeton & Levinson, 2002)은 외과의사의 의사소통에서 어조가 미치는 영향을 연구했다. 이 연구는 의료 과실을 제기하는 과정에서 의사의 어조가 영향을 미친다고 주장한다. 의학적 메시지를 전달

하는 방법이 메시지의 내용만큼 중요할 수 있다는 것이다. 연구에 따르면 지배적인 어조를 쓴다고 판단되는 외과의사는 덜 지배적인 어조를 쓴다고 판단되는 외과의사보다 소송에 휩싸일 가능성이 더 컸다. 지배적인 어조는 환자에 대한 공감과 이해 부족으로 해석될 수 있다는 것이다. 보이어와 티보도, 델롱(Voyer, Thibodeau, & Delong, 2016)은 빈정거리는 소리를 인식할 때 맥락과 대조, 어조가 미치는 영향을 연구했다. 그 결과 맥락과 어조 사이에 강한 상호작용이 존재하며, 어조가 맥락과 내용 사이에 발생하는 의미 차이를 두드러지게 하여 빈정거림에 대한 인식을 촉진하는 역할을 한다고 제시한다. 이 연구는 어조와 상황의 불일치는 어조에 대한 정확한 판단을 방해하며, 맥락에 따라 어조를 해석하려는 편향적 성향이 나타날 수 있다고 보고한다. 부정적인 맥락에서 냉소적인 어조로 긍정적인 내용을 전하면 실험 참여자 대부분(92%)은 빈정거리는 소리로 판단했는데, 그만큼 대인관계에서 맥락과 대조, 어조의 조합이 커뮤니케이터의 의도를 파악하는 데 강력한 단서가 된다.

(4) 발음

발표의 전달력을 높이기 위해서는 정확한 발음이 중요하다. 발음이 정확하지 않은 것은 선천적인 원인이 아니라면 대부분 정확한 발음에 대한 인식 부족과 소리를 내는 기관인 조음 기관을 충분히 활성화하지 않는 데서 비롯된다. 조음 기관은 움직일 수 있는 기관과 움직일 수 없는 기관이 있는데, 움직일 수 있는 기관인 혀, 입술, 턱, 연구개, 성대를 정확한 모양으로 움직이면 정확한 발음을 내는 데 효과적이다. 발음을 낼 때는 입술이나 턱을 제대로 움직이지 않으면 어눌하거나 웅얼거리는 소리로 들릴 수 있다. 또한 혀를 정확한 위치에 놓지 못하는 경우 흔히 '혀 짧은 소리'라고 하는 아성(兒聲)으로 들릴 수 있다. 치아는 움직일 수 없는 기관이지만, 치아가 고르지 못할 경우 소리가 새어나가 파열음이 강하게 들릴 수 있다.

정확한 발음을 위해서는 먼저 소리와 관련한 기관의 근육을 풀어주는 훈련을 해야 한다. 조음 기관인 연구개와 혀, 입술, 턱을 순서대로 가볍게 풀어주면 복잡한 발음을 수월하게 할 수 있게 도와준다. 이후 본격적인 발화 연습은 발음의 최소 단위, 낱말, 문장 순서로 진행하는 것이 좋다. 발음의 최소 단위는 자음과 모음, 자음과 모음의 결합, 자음과 모음의 다양한 결합(가, 냐, 더, 려, 모, 부, 슈 등)을 연습한 후 낱말과 문장으로 이어가는 것이 좋다. 발음 연습을 위해서는 비슷한 소리를 내는 글자를 연속으로 배열하고, 해당 소리를 명확하게 낼 수 있게 꾸준한 연습이 필요하다. 또한 평소에 잘 사용하지 않는 단어를 소리 내어 읽어보는 것도 조음 기관을 훈련하는 방법이다.

3) 비언어적 표현

화려한 말재주로 청중의 이목을 끌지 않아도 몸짓을 통해 발표의 효과를 높일 수 있다. 표정과 시선, 제스처 등이 이에 해당한다. 비언어적 표현은 언어적 표현보다 청자에게 발표자의 감정이 드러나기 때문에 주의해야 한다. 청자는 발표자의 생각이나 청자에 대한 감정 등을 발표자의 표정과 동작, 제스처 등을 통해 감지한다. 발표자는 이를 잘 활용하여 청자에게 내용 전달을 풍부하고 효과적으로 할 수 있다.

몸짓이 보내는 신호 해석
- 상체를 앞으로 구부린다. → 관심
- 팔짱을 낀 채 뒤로 기댄다. → 적대감이나 우려
- 눈살을 찌푸린다. → 불쾌함
- 미소를 지으며 고개를 끄덕인다. → 적극적 동의
- 방안을 둘러본다. → 흥미상실
- 손가락으로 테이블을 두드린다. → 초조함

(1) 표정과 시선

발표자는 자신의 표정과 시선을 하나의 언어라고 생각해야 한다. 부드러운 표정과 자연스러운 시선 처리만으로도 분위기를 안정감 있게 조성할 수 있다. 청중에게 긍정적인 느낌을 주기 위해서는 밝은 표정을 유지해야 하고, 시선은 한 곳에 고정하기보다 좌우로 이동하는 것이 좋다. 그래야 청중 모두에게 신뢰감을 주고 균형감 있게 대화한다는 기분이 들기 때문이다. 자연스럽게 시선을 이동하며 청중의 반응을 살펴보는 것도 좋은 방법이다.

(2) 제스처

몸을 이용한 동작은 메시지를 전달하는 도구로 활용된다. 제스처는 동작에 의미를 부여하는 것이라고 할 수 있다. '좋다'는 의미로 엄지손가락을 들어 올릴 수 있고, '동의한다'는 뜻으로 엄지손가락을 둥글게 만들 수 있다. 첫째, 둘째 같은 범주를 이야기할 때 손가락을 펴서 말하는 것도 제스처에 해당한다. 제스처는 간단한 연습을 통해 습득하기 쉬운 동작이다. 그러나 무의식적으로 하는 습관적인 제스처는 지양하는 편이 좋다.

비언어로 전하는 메시지의 힘

윤여정은 제94회 미국 아카데미 시상식에서 남우조연상 시상자로 무대에 올랐다. 2년 연속 아카데미 시상식에 참석한 윤여정은 이날 본행사에 앞서 진행된 레드카펫에서 블랙 드레스에 #With Refugees 리본을 달고 등장해 눈길을 끌었다. '난민과 함께'라는 의미의 파란색 리본은 유엔난민기

구(UNHCR)에서 진행하는 캠페인의 상징으로, 러시아 침공으로 인한 우크라이나 시민의 난민 위기에 대한 인식을 높이기 위해 전개되고 있다.

시상자로 나선 그녀는 봉투를 열어 수상자를 확인한 후 큰 숨을 몰아 쉬더니 '냉큼' 수어로 말했다. 수어의 뜻을 알지 못하더라도 그것이 무슨 의미인지 참석자들은 금방 알아챘다. 객석에서 "오 마이 갓!" 하는 환호와 감탄이 터져 나왔다. 시상식의 오랜 역사상 수상자를 수어로 호명하는 것 자체가 충격이었거니와 통역을 거치지 않고 청각장애인 수상자가 먼저 본인임을 알 수 있게 하는 시상자의 배려가 전해진 감동적인 순간이었다.

94회 아카데미 시상식에서 청각장애인 배우 트로이 코처는 「코다」라는 작품으로 남우조연상을 수상했다. 트로이 코처가 무대에 올라 트로피를 받고 인사하는 와중에 그녀는 또다시 트로이 코처의 트로피를 '냉큼' 빼앗다시피 들었다. 단순히 그 장면만 보면 '이 무슨 무례한 행동인가?' 하고 보는 이들을 당혹스럽게 했겠지만, 그 당혹스러움은 3초 후 무안함으로 다가온다. 그녀가 청각장애인 수상자가 수어로 소감을 말할 수 있도록 '배려'해준 것임을 알 수 있기 때문이다.

출처: 고승아, "'수화 시상·난민 리본' 윤여정, 유머·감동·배려 다 전했다", 「뉴스1」, 2022. 3. 28. 참조하여 재작성.

4) 말하기와 듣기의 관계

말하기와 듣기는 화자와 청자의 상호작용으로 이루어진 의미 체계다. 효율적인 소통을 위해서는 무엇보다 듣기 영역을 발전시켜야 한다. 듣기는 단순히 상대방의 말을 듣는 것에 국한된 것이 아니라 들은 내용을 바탕으로 다양한 상황에 따른 맥락과 정보를 해석하는 과정이기 때문이다.

(1) 분석적 듣기

분석적 듣기는 단순히 듣는 것에서 나아가 내용의 각 부분을 분석하고 평가하는 듣기 방법이다. 주로 비판적인 사고와 문제해결 능력을 요구하는 의사소통에서 유용하게 쓰인다. 분석적 듣기의 목적은 복잡한 정보를 이해하고, 상대방의 입장에 대해 재검토 과정을 거치면서 반응할 수 있도록 돕는다.

① 들은 내용에서 핵심 메시지가 무엇인지 정확하게 파악한다.
② 세부 사항에 대한 중요한 데이터나 사례를 구체적으로 이해한다.
③ 말하는 상대의 주장이 타당한 근거를 가지는지 확인한다.
④ 다양한 관점을 고려하며 주장의 논리나 신뢰성을 분석한다.

(2) 공감적 듣기

공감적 듣기는 상대방의 생각이나 감정에 공감하며 듣는 방법이다. 상대방이 자신의 감정을 이해받고 있다는 생각이 들도록 듣는 것이 중요하다. 공감적 듣기는 정서적 연결을 바탕으로 개인 간의 신뢰를 쌓고, 깊은 관계를 가질 수 있게 도와주는 역할을 한다.

- 상대방이 하는 말에 집중하여 자신이 이해받고 있다는 느낌을 준다.
- 상대방이 감정을 더 많이 표현할 수 있도록 격려한다.
- 상대방의 감정을 객관적으로 이해하려고 노력한다.
- 상대방의 비언어적 신호를 파악하여 감정의 깊이를 느껴본다.

(3) 대화적 듣기

대화적 듣기는 두 사람이 협력하여 상호적인 의사소통을 통해 의미를 만들어가는 듣기 방법이다. 듣는 사람은 그 대화에 적극적으로 참여하고, 그에 맞춰 자신의 생각과 감정을 반영하며 함께 의미를 만들어나간다. 대화적 듣기는 양방향 소통에 집중하며, 대화의 흐름을 함께 만들어가는 과정이다.

① 상대방이 말할 때 적절한 반응을 보이고, 의견을 함께 나눈다.
② 상대방이 말하는 동안 끼어들지 않고, 의견을 수용하려고 한다.
③ 상대방의 생각과 감정을 이해하려고 노력한다.
④ 상대방의 말을 반영하여 즉각적으로 반응한다.

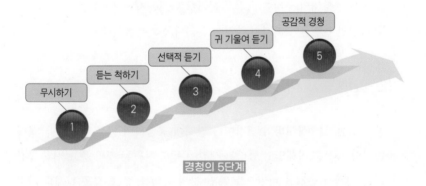

경청의 5단계

2

프레젠테이션의
기법과
활용

프레젠테이션은 메시지를 효과적으로 전달하기 위해 활용되는 발표 방법으로 받아들여지고 있다. 대체로 프레젠테이션이라 하면 학교에서의 연구 발표, 회사에서 진행하는 프로젝트, 신제품 광고 등 다양한 상황 등을 떠올린다. 여기서는 사회의 상황을 고려해 프레젠테이션을 '시청각 자료를 활용한 발표'에 한정하여 사용하기로 한다.

프레젠테이션은 발표자와 청중 사이의 정보를 교환하는 과정 이상의

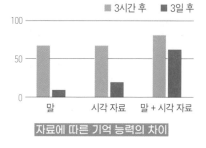

자료에 따른 기억 능력의 차이

• 기억력 향상
• 자료 이해도 상승
• 성적 향상

• 집중 분산
• 분석적 듣기 방해
• 제작 시간 투자

역할을 담당한다. 정보를 전달하는 것 외에 메시지를 기억할 수 있게 도와주고, 청중의 관심을 이끌며, 청중의 행동 변화를 유도하기 위한 도구로 활용될 수 있다.

1) 프레젠테이션을 위한 전략

(1) 목표 설정과 메시지의 명확화

프레젠테이션을 진행하기에 앞서 발표 목적을 정해야 한다. 충분한 정보 전달, 논리적인 설득, 동기 부여 등 어떤 목적의 발표인지 파악하는 것이 중요하다. 다음으로 전달하고자 하는 메시지가 무엇인지 정리해본다. 발표하는 내용의 핵심 메시지를 단락별로 요약해보고, 그 메시지들을 중심으로 내용이 자연스럽게 이어지도록 해야 한다. 제한된 시간에 발표를 진행한다면 수집된 자료의 양을 점검하여 필요한 정보만 추출해야 한다.

(2) 청중 분석

청중의 관심사나 지식수준을 파악하여 발표 내용을 조정해야 한다. 전문가 앞에서는 깊이 있는 정보를 구체적으로 말하는 것이 필요하고, 일반 대중에게는 이해하기 쉽도록 예시를 들어 설명하는 것이 중요하다.

청중의 관심을 끌기 위해서는 청중이 발표에 어떠한 반응을 보이는지 예측하여 그들이 좋아할 만한 요소를 포함하는 것이 좋다. 친숙한 이야기나 최신 뉴스를 활용하여 발표를 시작하는 것도 하나의 방법이다.

청중의 주의를 환기하기 위해서는 발표 도중 멈춰 서서 시선을 집중시키거나 목소리의 크기나 속도에 변화를 주는 방법도 효과를 거둘 수 있다. 청중에게 간단한 질문을 하거나, 투표를 진행하여 청중의 적극적인 참여를 유도해야 한다.

(3) 시각 자료 활용

　프레젠테이션에서 시각 자료는 정보를 쉽게 전달하고, 메시지를 기억에 남도록 도와주는 역할을 담당한다. 시각 자료를 활용하는 방법은 다음과 같다.

① 간결하고 명확한 시각 자료

　모든 청중이 볼 수 있게 크게 만드는 것이 중요하다. 그러기 위해서는 슬라이드에 너무 많은 정보를 담지 말아야 한다. 핵심 데이터와 핵심 메시지를 중심적으로 시각 자료를 구성하는 것이 좋다. 시각 자료는 여백을 충분히 활용하여 깔끔한 느낌이 들도록 하고, 되도록 한 화면에 너무 많은 요소를 넣지 말아야 한다. 텍스트는 전체 문장으로 구성하기보다 간결한 문구나 키워드, 그리고 핵심 단어를 제시하는 것이 전달 효과를 높일 수 있다.

② 적절한 색상과 도표 사용

　가독성을 높이기 위해서는 슬라이드의 배경과 글씨 색상이 대비되어야 한다. 밝은 배경 화면에는 어두운 글씨 색상이, 어두운 배경 화면에는 밝은 글씨 색상을 사용하는 것이 좋다. 너무 많은 색을 사용하면 청중에게 혼란을 줄 수 있기 때문에 최대 세 가지 이하 색상으로 제한해야 한다.

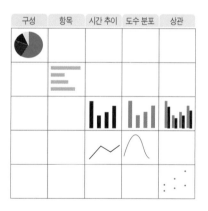

　도표는 복잡한 통계 자료나 데이터를 쉽게 전달하기 위해 사용된다. 수치 비교는 막대그래프를, 비율을 표시할 때는 원그래프를, 변화를 보여줄 때는 선그래프를 활용하면 된다. 수많은 데이터를 한 화면에 제시하는 것보다 간단하게 시각화하여 보여주는 것도 중요하다. 시각적 도표를 활용하는 것이 표를 만드는 것보다 더욱 직관적으로 보일 수 있다.

③ 이미지와 타이포그래피 사용

청중에게 전문적인 인상을 남기려면 고품질의 이미지를 사용하여 시각적으로 깔끔한 느낌을 주는 것이 좋다. 실제 사진과 동일한 이미지를 활용하는 것이 효과적이다. 하지만 이미지가 너무 많으면 복잡한 느낌을 주어 청중의 집중도를 분산시킬 수 있다. 따라서 이미지의 크기와 텍스트의 분량에 따라 적절하게 균형을 맞추는 것이 필요하다.

글꼴의 경우 너무 화려하거나 장식적인 느낌보다는 읽기 쉬운 깔끔한 것을 사용해야 한다. 대표적으로 산세리프 글꼴이 프레젠테이션에 어울리는 것으로 알려져 있다. 폰트의 크기는 가독성과 연관이 있는데, 충분한 크기와 적당한 간격으로 읽기 쉬워야 한다. 청중이 멀리서도 볼 수 있도록 크기를 조정할 필요가 있다.

2) 프레젠테이션의 전 과정

첫째, 프레젠테이션의 목표가 무엇인지 명확해야 한다. 그런 다음 무엇을 전달할지 결정한다. 정보 전달, 논리 설득, 동기 부여 등 목표에 따른 준비 방식이 달라진다. 발표의 주제는 너무 광범위하지 않고, 청중의 지식수준을 고려하여 선정해야 한다. 전달할 내용을 구상하여 개요서를 작성해보는 것도 좋은 전략이다.

둘째, 전달할 내용의 구성 방식을 정해야 한다. 전달하고자 하는 핵심 메시지를 중심으로 발표 내용을 구조화한다. 서론에서는 주제 소개와 발표 목적을 설명하고, 본론에서는 중심 내용을 논리적으로 일관되게 전개해야 하며, 결론에서는 핵심 메시지를 강조하며 명확한 결론을 제시하는 대략적인 구조 라인을 작성해본다.

셋째, 실제 발표하는 상황을 가정하여 발표자 스스로 자기점검의 시간을 가진다. 발표하는 장소와 시간, 그리고 청중 수를 고려해 머릿속으로 상황을 그려보는 훈련이 필요하다. 끝으로 프레젠테이션의 전 과정이 충분히 준비되었는지 검토해본다.

(1) 리서치와 자료 수집

주제를 선정한 후에는 충분히 리서치하여 자료를 수집하는 과정이 필요하다. 신뢰할 수 있는 자료를 찾는 것이 중요한데, 주제와 관련한 최신 연구 결과나 보고서, 학술논문, 전문가 인터뷰, 공신력 있는 기관 자료 등이 신뢰성 높은 자료다. 단일한 출처에서만 자료를 찾기보다는 다양한 루트를 통해 풍부한 자료를 마련해놓아야 한다. 자료가 많다고 활용 가치가 높다고는 볼 수 없지만, 주장을 뒷받침할 근거들을 충분히 확보해두는 것이 좋다.

(2) 자료 정리와 발표 구조화

리서치를 통해 자료를 모은 후에는 이를 바탕으로 정리하고 구조화하는 작업이 필요하다. 발표에서 말하고자 하는 핵심 메시지에 맞는 자료를 추출하고, 그에 맞는 데이터와 사례를 수집한다. 자료를 정리할 때는 청중이 쉽게 이해할 수 있는 논리적인 흐름을 고려하여 순서를 배치한다. 청중의 관심 유도, 문제 제기, 해결책 제시, 사례, 데이터 순으로 전개할 수 있다.

(3) 중심 생각과 세부 요점 정하기

프레젠테이션에서 중심 생각과 세부 요점을 정하는 것은 발표의 구조와 흐름을 확립하는 과정이다. 중심 생각은 청중에게 전달하고자 하는 핵심 메시지로, 한두 문장으로 요약할 수 있어야 한다. 중심 생각을 명확히 해야 불필요한 정보를 배제하는 데 도움을 준다. 발표의 앞부분에 중심 생각을 먼저 제시하면, 청중은 발표 내용을 예상할 수 있어 기대감을 가질 수 있다. 세부 요점은 중심 생각을 뒷받침하는 논리적인 주장이나 증거를 의미하는데, 청중이 이해하기 쉽게 설명해야 하며, 발표자가 감당할 수 있는 범위에서 선택해야 한다.

(4) 프레젠테이션 문서 작성

프레젠테이션에 대한 전반적인 내용이 정해졌으면, 다음으로는 실행 단계로 넘어가야 한다. 실행을 위한 전체 구성은 '서론-본론-결론'의 흐름을 유지해야 한다. 서론에서는 프레젠테이션의 목적을 제시한다. 본론에서는 발표의 중심 생각과 세부 요점을 체계적으로 설명한다. 결론에서는 발표에서 다룬 내용을 요약하고, 청중이 기억해야 할 핵심 메시지를 강조한다. 주의해야 할 점으로 문서는 명확하고 간결한 언어로 작성되어야 하며, 불필요한 수식이나 모호한 표현은 피해야 한다. 전문적인 내용을 다룰 때는 청중의 수준에 맞는 적절한 용어를 사용해야 하고, 어려운 개념을 설명할 때는 이해하기 쉬운 예시를 들어주면 좋다.

(5) 예행 연습

발표를 준비하는 과정에서 가장 중요한 것은 충분한 연습이다. 문서를 바탕으로 발표 연습을 하고, 슬라이드 내용을 함께 보며 자연스럽게 발표할 수 있도록 준비해야 한다. 발표 연습 과정을 녹화하여 스스로 잘못된 부분이 무엇인지 살펴보거나, 주변 사람들의 도움을 받아 고쳐야 할 사항에 대해 자문 받는 것도 좋은 발표를 위한 방법이다. 발표 이후에 예상되는 질문을 미리 생각하여 이에 대한 답변을 준비하는 것도 필요하다.

3) 슬라이드의 구성과 작성 방법

프레젠테이션용 슬라이드를 제작할 때 주로 이용되는 소프트웨어는 '파워포인트'다. 파워포인트를 활용하면, 슬라이드의 내용과 함께 다양한 시각 자료, 음향, 동영상 등을 첨부하여 발표를 진행할 수 있다.

(1) 슬라이드의 구성

슬라이드 수는 발표 시간에 맞춰 조절해야 한다. 보통 1분당 1개의 슬라이드 정도로 계산하면 된다. 각 슬라이드에는 한 가지 메시지를 담는 것이 좋다. 너무 많은 정보를 넣지 말고, 핵심적인 내용만 명확하게 전달하면 된다. 슬라이드 제작 시 주의할 점은 다음과 같다.

- 슬라이드의 색상과 배경은 일관되게 설정해야 한다.
- 중요한 내용만 강조하고, 배경이나 장식은 최소화한다.
- 슬라이드 전환 효과는 너무 화려하거나 산만한 것은 피해야 한다.
- 차트나 그래프, 이미지 등을 활용하여 정보를 시각적으로 표현한다.

(2) 텍스트 작성

슬라이드에 너무 많은 텍스트는 넣지 않도록 한다. 핵심적인 문장이나 단어만 포함하고, 최대한 간단하게 정리해야 한다. 텍스트 작성 시 고려할 점은 다음과 같다.

- 글자 크기는 멀리서도 읽을 수 있을 정도여야 한다. 본문 텍스트는 20~24pt가 좋다.
- 글자 색상과 글꼴은 일관되게 설정하여 시각적인 통일감을 주는 것이 좋다.
- 키워드나 중요 내용을 강조할 때는 굵은 글씨나 다른 색상을 사용한다.
- 슬라이드 간 내용이 중복되지 않도록 한다.

4) 프레젠테이션의 평가

(1) 실행 요소를 세부 항목으로 나눈 평가

차원	항목	평가내용	1	2	3	4	5
음성적 요인 (30점)	발성	호흡의 안정성, 소리의 질					
	발음	발음의 명료도, 정확성					
	톤, 음색	톤의 적절성, 음색					
	속도, 쉬기	속도의 적절성, 포즈의 활용					
	크기, 강세	강세, 크기의 완급 조절					
	억양	부드러움, 운율성					

차원	항목	평가내용	1	2	3	4	5
콘텐츠 요인 (30점)	논리성	다양하고 명확한 근거					
	적시성	앞부분과 뒷부분의 임팩트					
	유창성, 표현력	막힘없는 언어 구사력					
	창의성	기발성, 새로운 접근					
	체계적 구성	구조의 짜임새, 시간 안배					
	스토리텔링	사례, 비유, 이야기					
몸짓언어 (25점)	자세, 움직임	경직되지 않은 자연스러움					
	제스처	균형성, 적절성, 효율성					
	표정	자신감 있는 표정					
	눈맞춤	상호 교감 능력					
	공간언어	공간활용도					
외모, 외형 (15점)	의상	단정함과 세련됨					
	헤어, 화장, 장식	적절성					
	이미지	전체 이미지					
총평							

출처: 김은성(2011), 『파워 프레젠테이션』, 서해문집.

(2) 수행 요소를 간략화한 평가

no.	평가 항목	평가 점수			
		잘함	보통	부족	결여
1	메시지가 명확하고 쉽게 전달되는가?				
2	표정, 제스처가 자연스럽고 설득력이 있는가?				
3	청중에 대해 자연스럽게 시선 배분을 했는가?				
4	음성이 낭랑하고 발음이 명확한가?				
5	말의 속도가 지나치게 빠르거나 느리지 않는가?				
6	음성이나 제스처에 변화를 주고 있는가?				
7	강한 인상을 남기고 있는가?				
8	내용을 이해하고 설득력 있게 전달했는가?				
9	청중과 상호작용을 시도했는가?				
10	내용을 내면화하여 발표를 진행했는가?				

5) 발표 실습 평가

(1) 실행 요소를 세부 항목으로 나눈 평가

구분			형식		내용	
			있음	없음	적절	미흡
내용 평가	서론	관심 유도				
		주제 안내				
		공신력 설정				
		선의(善意) 설정				
		내용 안내				
	본론	문제점				
		심각성				
		지속성				
		해결 가능성				
		실현 가능성				
		부작용				
		부작용의 보완				
	결론	종료 신호				
		핵심 강조				
		끝맺음				

구분		탁월	우수	적절	미흡
비언어 평가	신체 제스처				
	신체 자세				
	신체 시선				
	음성 발음(발성)				
	음성 크기				
	음성 속도				
	외형 표정				
	외형 복장				
	외형 장신구				
	시간				
	실행 스타일				

(2) 자연스러운 발표에 중점을 둔 평가

평가 기준	점수
제스처 사용, 개요서에 기초한 실행, 내용 준수, 시간 준수	
제스처 미사용, 개요서에 기초한 실행, 내용 준수, 시간 준수	
제스처 사용, 절반 이상 보고 읽음, 내용 준수, 시간 준수	
제스처 미사용, 절반 이상 보고 읽음, 내용 준수, 시간 준수	
제스처 사용, 대부분 보고 읽음, 내용 준수, 시간 준수	
제스처 미사용, 대부분 보고 읽음, 내용 준수, 시간 준수	
제스처 미사용, 대부분 보고 읽음, 내용 준수, 시간 부족	
제스처 미사용, 대부분 보고 읽음, 내용 미준수, 시간 부족	

3

자기소개와
생각 정리

1) 말하기로서의 자기소개

(1) 자기소개의 구성 전략

자기소개는 다양한 상황에서 자신을 다른 사람에게 알리는 행위로, 자신에 대한 정보를 빠르게 전달하는 수단이다. 자신을 소개함으로써 친밀감을 형성하거나 새로운 관계를 만들 수 있다. 따라서 상대방에게 어떤 정보를, 어떤 상황 속에서, 어떻게 전달할 것인지를 숙고해야 한다. 이를 위해 가장 먼저 해야 할 사항은 자기 자신에 대해 정확하게 인지하는 일이다. 그래야만 자신에 대한 정보를 상대방에게 제대로 전달할 수 있다.

가벼운 자기소개는 정식적인 자리나 상황에서 무겁지 않게 자신을 소개하고 싶을 때 효과적이다. 너무 자세한 정보보다 취미나 최근 관심사에 대해 간단히 언급하며 대화를 이어나가는 것이 중요하다. 상대방과의 공통점을 찾으며, 가벼운 목표나 계획을 공유하는 것도 좋은 방법이다. 강렬한 인상을 주기 위해서는 본인의 주요 경험이나 성과 같은 핵심적인 정보만 간단히 말하는 것이 좋다. 자기소개가 끝나고 상대방에게 친근한 인사를 덧붙이면 분위기를 더욱 부드럽게 만들 수 있다.

유년 시절 긍정적 기억	열심히 정진	전공을 통해 전문성 획득	직업에 대한 확신

'준비된 지원자'라는 인상을 줌.
준비 과정에서 구체적으로 어떤 노력을 했는지 서술 전체적으로
일관성을 잃지 않는 것이 중요

준비된 지원자 사례

일관성 있는 준비 과정으로 신뢰감을 줄 수 있다.

다양한 꿈을 가졌던 경험	특별한 이유 없이 전공 선택	실습 등을 통해 적성 발견	직업에 대한 확신

'솔직한 사람'이라는 인상을 줌.
적성을 발견한 이후 어떤 노력을 했는지에 초점을 맞춤.
다양한 꿈이 우유부단으로 비춰지는 것은 경계

솔직한 지원자 사례

늦게 적성을 발견했지만 남들보다 노력했다는 것을 보여줄 수 있다.

(2) 스토리 있는 자기소개

가장 평범한 자기소개는 자신의 경력과 이력에 대해 나열하여 말하는 방식이다. 물론 이러한 자기소개가 잘못된 것은 아니지만, 상대방에게 깊은 인상을 주기 위해서는 자신을 좀 더 입체적으로 소개할 필요가 있다. 자신의 경험과 특별한 이야기로 자기소개를 하면 상대방에게 훨씬 흥미로운 사람으로 다가갈 수 있다. 어린 시절의 경험을 통한 자기소개는 자신이 어떤 사람인지, 어떤 가치관을 가진 사람인지를 드러낼 수 있다. 일상에서 겪은 소소한 이야기를 바탕으로 한 자기소개는 상대방이 쉽게 공감할 수 있어 대화를 지속적으로 이어갈 수 있게 하고, 특별한 사건을 통한 자기소개는 지금의 모습과 관련하여 강한 인

상을 줄 수 있다. 따라서 자신의 이야기를 갖춘 자기소개는 상대방이 거부감을 느끼지 않을뿐더러 자신을 오랫동안 기억에 남는 사람으로 인식하게 하는 방법이다.

2) 자기소개의 주안점

(1) 차별성과 구체성

차별성 있는 자기소개를 하기 위해서는 구체성을 지녀야 한다. 구체성을 동반한 차별화 전략은 효율적인 자기소개를 위한 중요한 요소라고 생각된다. 독특한 경험을 구체화하면 다른 사람들과 차별화할 수 있다. 개인적인 가치관도 경험을 통해 이야기하면 자신만의 고유한 특징이 된다. 그렇다고 과장하기보다는 진정성 있게 말하는 것이 중요하다. 자신이 추구하는 포부를 언급할 때도 구체적인 목표가 확보되어야 차별성 있는 자기소개가 될 것이다.

(2) 장점과 단점의 활용

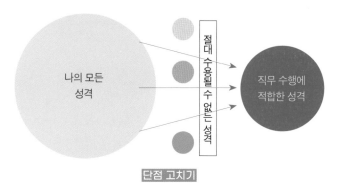

단점 고치기

직무수행에 수용될 수 없는 단점은 자기소개에 적기 전에 스스로 고치는 것이 좋다.

자기소개를 할 때 흔히 하는 방식이 장점과 단점을 언급하는 경우다. 이 방식은 자신을 객관적으로 평가하면서, 단점은 어떠한 식으로 개선해나가는지를 보여주는 자기소개다. 따라서 장점과 단점은 어느 한쪽으로 치우치지 않도록 주의해야 한다. 먼저 단점을 이야기할 때는 부정적으로만 표현하기보다 개선하려는 노력을 함께 언급해주는 것이 중요하다. 누구나 단점이 있겠지만 그것을 발전시키는 것은 개인의 능력에 달려있기 때문이다. 특히 주의할 점은 직업을 수행하는 데 절대 수용될 수 없는 단점은 미리 고치는 것이 좋다. 장점을 언급할 때는 구체적인 예시를 들어 실제 장점이 어떻게 발휘되는지를 설명해야 한다. 이를 통해 자신의 강점을 더욱 명확하게 전달할 수 있다.

예시

제 성격은 한마디로 말하자면 성실함입니다. 맡은 일에 늘 최선을 다하고 끝까지 책임지려고 애씁니다. 예를 들어 이전 직장에서 프로젝트 리더로 참여했을 때 팀원들이 힘들 때마다 독려하고, 끝까지 프로젝트가 진행될 수 있도록 노력하여 결국 성공적으로 마무리할 수 있었습니다. 그러나 제 단점은 완벽을 추구하는 경향이 있다 보니 불필요한 작은 부분에도 민감하게 반응하기도 했습니다. 이를 개선하고자 일의 우선순위를 정해 마무리 짓는 방법을 실천하고 있습니다.

발표할당제가 발표효능감에 미치는 영향

특정 과목을 수강하는 한 학기 동안 총 10회의 발표를 의무적으로 해야 한다면 어떤 일이 벌어질까요?

1) 부담감과 기대

첫 수업에서 총 10회의 발표 의무가 있다는 사실을 알았을 때 어땠을까? 16주 수업에서 10회 발표는 부담스럽고 당황스러웠다. 특히 내성적이거나 발표 경험이 적은 학생은 막막하고 걱정스러웠다. 그러나 앉은 자리에서 손을 들고 자연스럽게 말하는 방식이라는 점, 누구나 대답  할 수 있는 쉬운 내용의 질문이라는 점, 친구와 말하듯 교수자와 한두 번 말을 트면 앉은 자리에서 생각을 말하는 것은 어려운 일이 아니라는 설명은 안도감과 함께 조금의 기대감을 갖게 했다.

- 조금은 부담됐지만 자리에서 편하게 발표할 수 있다고 하니 안심이었다.
- 조금 당황스러웠고 의외의 방식이었다.
- 소극적인 성격이라 힘들 것 같다는 생각을 했다.
- 내성적인 성격을 가진 나에게 막연한 걱정으로 다가왔다.
- 평소 발표하거나 앞에 나서는 것을 싫어해서 정말 막막하고 걱정스러웠다.
- '학생들이 얼마나 발표를 안 하면 이런 것으로 평가로 할까?'라는 생각도 해보았다.

- 발표 10회 의무로, 발언 기회와 의견 표현 기회를 주신 것 같아 개인적으로 정말 좋은 수업이라고 생각했다.

2) 의무감과 자신감 그리고 즐거움

수업 중 발표에 참여하게 된 가장 큰 이유는 무엇일까? 시작은 모두 강제로 부여된 발표 횟수 때문이었다. 전체 점수의 10%를 차지하는 발표는 1회 1점에 해당한다. 하지만 발표 성공 경험이 쌓이고, 친구들이 발표에 참여하는 모습을 경험하는 것은 발표 참여 동기를 유발했다. 또한 내  생각을 표현할 수 있는 기회, 조금씩 커지는 자신감, 친구의 권유, 스스로의 의지 등이 점차 발표 참여 동기에 추가되었다.

- 솔직히 말하면 할당량 때문이었지만 나중엔 자신감이 붙었던 것 같다.
- 솔직히 말씀드리자면 점수를 채우기 위해 시작했다.
- 발표할수록 의사표현의 기회가 생겨 계속해서 참여한 것 같다.
- 처음에는 할당량으로 인해 참여했지만 성공 경험이 쌓이면서 계속 참여하게 된 것 같다.
- 강제된 할당량이 기본적인 이유였고, 발표하는 친구들을 보면서 더욱 참여하고 싶었다.
- 할당량을 채우기 위함도 있지만 친구들이 발표하는 모습을 보고 자극을 받아 하는 경우도 있었다.
- 처음에는 의무감에 하게 되었지만 나중에는 내 의견을 이야기하고 싶어서 참여했다.

- 친구가 열정적으로 발표하는 모습, 친구의 권유, 강제적이지만 꼭 채워야 한다는 의지로 참여했다.

3) 소심한 참여자의 내재된 압박

발표의무제에서 느낀 어려움은 무엇
일까? 자신의 성공 경험, 친구의 발표 권
유, 친구의 성공 경험 등이 발표효능감에
긍정적으로 작용하는 가운데 내성적이고
소심한 학생들의 걱정은 여전히 남아 있
었다. 정해진 횟수를 채워야 한다는 부담
감, 과제를 완수하지 못할 수도 있다는 불
안감, 반복된 내용을 발표할지도 모른다는 조바심은 점점 압박으로 내재되
었다. 또한 강제로 부여된 의무이기에 발표 횟수를 모두 채운 학생들은 더
이상 발표에 적극적으로 참여하지 않는 문제도 나타나게 되었다.

- 내성적인 친구들은 부담감을 느꼈을 수도 있다.
- 횟수를 채우고 나서는 면제된 마음으로 발표 참여에 적극적이지
  않게 되었다.
- 소심하고 발표를 두려워하는 친구들에게는 떨리는 시간이었던
  것 같다.
- 1시간에 몇 번 이상 발표해야 한다는 압박이 있어 수업 내내 걱정
  에 싸여 있었다.
- 정해진 수업이 다 끝나가는데 발표 횟수가 아직 남아있을 때 불안
  함을 느꼈다.
- 손을 들었는데 앞에서 먼저 내 생각과 같은 내용으로 발표하면 포
  기할 때가 있었다.

4) 작은 발표를 통해 시작된 자신감

발표의무제가 발표자신감에 도움이 되었을까? 나 혼자만 하는 것이 아니라 모두가 참여하는 과정이라면 누구나 준비가 덜 된 모습을 보여줄 수 있다. 또한 경쟁적 토론이 아니기 때문에 의견을 내세울 필요 없이 자신의 의견 표현에 집중할 수 있다. 이러한 방식은 수업에 대한 학생의 참  여도를 높이는 부수적인 효과를 가져왔다. '거창한 발표'가 아닌 '작은 발표'라면 이전보다 발표에 자신감이 생기게 되었다.

- 발표하면 할수록 나서는 것을 싫어했던 나에게 자신감을 심어주었다고 생각한다.
- 덜 정리된 생각을 발표하는 모습을 보고 못해도 괜찮다는 생각이 들어 자신감이 생겼다.
- 전과 비교한다면 확실히 목소리 떨림 등이 사라진 것은 분명하다.
- 여러 사람 앞에서 계속 발표하다 보니 도움이 된 것 같다.
- 조금은 내향적인 성향인 나는 너무나도 많은 도움이 되었다.
- 발표에 대한 자신감보다는 수업에 온전히 참여하고 있다는 생각이 들었다.
- 거창한 발표가 아니라 자연스러운 의견 표현을 통해 점점 자신감이 생긴 것 같다.
- 간단한 대답을 하는 작은 발표에서는 전보다 두려움과 부담감을 느끼지 않게 되었다.
- 꼭 정답이 아니더라도 교수님께서 "그렇게 생각할 수도 있어요"라고 리액션해주셔서 자신감이 생겼다.
- 말을 할 기회라도 얻을 수 있어서 안 하는 것보다는 나은 것 같다.

- 내 의견을 내세우는 것이 싫어 발표를 많이 하지 않았는데 막상 해보니 뿌듯했다.

5) 반복을 통한 확장

발표의무제가 다른 수업에서의 발표에도 도움이 되었을까? 수업 참여자는 모두 반복된 발표의 성공 경험을 갖고 있다. 10회를 모두 채우지 못한 학생도 있지만, 한 번도 발표를 시도하지 않은 학생은 없었기 때문이다. 발표를 잘하는 소수의 독점이 아닌 모두에게 동일한 기회의 부여,  그리고 기회의 반복은 환경이 달라져도 발표자신감에 영향을 미쳤다. 조금 더 자신 있어졌고, 몇 마디 정도는 편하게 할 수 있게 되었으며, 발표해보고 싶다는 생각이 들게 되었다. 만약 다시 발표의무제를 시행한다면 전보다는 덜 긴장할 수도 있다. 한편 항상 발표에 적극적이었던 학생은 다른 수업에서도 발표를 잘했고, 주변 분위기에 영향을 받는 학생은 활발한 발표 분위기가 없는 경우 자발적인 참여가 어려웠다.

- 다른 과목에도 영향을 미쳤다. 반복 학습은 할 수 있다는 자신감을 줬다.
- 다른 수업에서도 수업 참여도가 많이 올라 긍정적인 영향을 가져왔다고 생각한다.
- 교수님께서 물어보시면 조금은 자신 있게 할 수 있을 정도로 자신감이 생긴 것 같다.
- 가볍게 본인 자리에서 몇 마디의 발표는 긍정적인 효과와 함께 친구들 앞에서의 발표 능력도 향상되었다.

- 수업 내용 자체에 대한 애정이나 흥미에 좀 더 동기부여가 된다고 생각한다.
- 발표할 때마다 떨리고 무서운 건 여전히 있는 것 같다.
- 다른 수업 때 발표하거나 대답하는 것이 덜 두려웠고, 이제는 쉽게 발표할 수 있다.
- 발표의무제 이후에는 묻는 말에 대답도 잘하고 적극적으로 수업에 참여했던 것 같다.
- 자발적으로 발표하지는 못하지만 다른 수업에 발표의무제가 생긴다면 전처럼 크게 연연하지 않을 것 같다.
- 발표는 주변 분위기도 중요한데, 발표가 강제적이지 않은 수업에서는 자발적이 되지 않았다.
- 항상 발표를 잘해왔던 터라 크게 영향을 미치지는 않았다.
- 답이 정해져 있는 질문이 아닌 경우 발표해보고 싶다는 생각이 들었다.
- 나의 생각을 반복해서 말하다 보니 의견 제시가 편해졌다.

요약

1. 말하기의 구성요소는 언어적 요소와 비언어적 요소로 나뉘며, 언어적 요소에서 중요한 것은 전달하고자 하는 내용이다.

2. 비언어적 요인은 목소리의 크기, 속도, 강조화법, 발음, 몸짓언어, 표정, 시선, 제스처 등이 있다.

3. 듣기는 말하는 것을 해석하는 지적인 노력 과정이며 분석적 듣기, 공감적 듣기, 대화적 듣기의 태도로 구분된다.

4. 프레젠테이션은 제한된 시간에 청중의 호응을 끌어내기 위해 시각 자료를 적극적으로 활용하는 행위로, 시각 자료는 모든 사람이 볼 수 있도록 간결하고 단순하게 제작하며, 발표할 때는 자료가 아닌 청중을 보고 설명해야 한다.

5. 프레젠테이션을 준비할 때는 전달할 내용을 정하여 내용을 구상하며 자료 조사를 진행한다. 내용 전개는 도입-전개-마무리 형태를 따르며, 충분한 리허설을 통해 평가 기준과 진행 방법을 숙지한다.

6. 시각 자료 사용 시 이미지와 도표를 선명하게 활용하고, 비디오와 영상을 통해 사실성을 높인다. 또한 슬라이드는 가독성을 고려해 통일성을 유지한다.

7. 자기소개는 스토리텔링 기법을 활용하고, 자신만의 차별성과 구체성을 갖는다.

학습 활동

1. 공중파나 케이블, 유튜브 채널에 출연하는 유명인 중 한 명을 선택해 말하기의 언어적 특징과 비언어적 특징을 분석한 후 어떤 점이 대중의 호감으로 이어지는지 분석해봅시다.

2. 우리는 잘 듣기가 어렵다는 것을 경험적으로 알고 있습니다. 듣는 척하거나, 내가 더 많이 말하고 싶거나, 선택적 듣기, 단절된 듣기, 방어적 듣기, 둔감한 듣기 등은 모두 비효율적 듣기의 원인이 됩니다. 더 잘 듣기 위해 어떤 노력을 할 수 있을까요? 다음 제시어를 통해 함께 이야기해봅시다.

   • 말 적게 하기
   • 방해물 제거하기
   • 성급한 판단 보류하기
   • 질문하기
   • 지지하기

3. 친구들의 프레젠테이션을 본 경험이 있을 것입니다. 어떤 유형들이 있었는지, 각 유형의 특징은 어땠는지 정리해봅시다. 또한 자신의 입장에서 가장 효과적인 프레젠테이션은 무엇인지 발표해봅시다.

- 친구들의 프레젠테이션 유형
- 각 유형의 특징
- 내가 생각하는 효율적인
  프레젠테이션

4. 프레젠테이션에서 슬라이드를 구성할 때 다음 내용으로 도표를 작성해봅시다.

시간 추이: 향후 10년간 판매 증가가 예상된다.	항목: 지난 달 6개 부서의 이직률은 거의 비슷했다.
상관성: 근무 연한은 공헌도와 무관하다.	분포: 대다수 직원이 연간 3천만 원에서 4천만 원을 번다.

출처: 진 젤라즈니(2001). 『최고의 실무자가 되려면 차트로 말하라』. 씨앗을뿌리는사람.

4장

토론의 개념과 종류

논제는 논란 가운데 가장 핵심적인 사안을 명료하게 해주는 진술문이며, 논제를 정한다는 것은 디베이트하고자 하는 범위를 정해준다는 것이다. 논제의 성립 요건으로는 시의성을 담아야 하며, 대립축이 분명해야 한다. 그리고 "야만적인 개고기 판매는 중단해야 한다"처럼 찬성과 반대 어느 한편에 유리하게 작용하는 정서적 표현이 담긴 내용은 배제해야 한다. 또한 하나의 이슈만 담아 논점이 흐려지지 않도록 해야 한다.

학습 목표

1. 토의와 토론의 차이를 알아본다.

2. 사실 논제, 가치 논제, 정책 논제를 구분할 수 있다.

3. 실전 아카데미 디베이트를 준비한다.

1

토론의 개념과 필요성

1) 토론의 개념

토론은 서로 다른 의견을 지닌 사람들이 정해진 규칙에 따라 그 문제에 대한 논거를 대며 자신의 생각이 더 설득력이 높다는 것을 논리적으로 펼쳐나가는 활동이다.

2) 토론의 필요성

현대사회는 해결해야 할 수많은 문제를 안고 있다. 그 문제를 어떻게 처리하는지에 따라 개인이나 사회의 행복과 불행이 결정되기도 한다. 갈등을 해결하기 위해 물리적 힘을 사용한다면 오히려 더 큰 갈등과 불안을 불러오기도 한다. 토론은 '말'이라는 도구로 인간이 갈등을 해결할 수 있는 최선의 방법이며, 투쟁이 아닌 설득과 타협을 통한 문제해결 방법이다. 이미 인공지능이 인간의 삶에 스며든 현대사회에서 살아남기 위해서는 타인과 다양한 사고와 경험을 공유할 필요가 있다. 토론은 이러한 창의적 융합 활동으로 매우 적합하다고 할 수 있다.

    토론은 갈등을 빚고 있는 상대와의 문제를 공동으로 해결할 수 있는 장을 마련해준다. 이러한 토론의 장은 더욱 합리적인 최선의 해결책을 찾게 해주며, 서로를 자극해 더 나은 최고선을 찾도록 도와준다. 그래서 토론은 민주적인 갈등 해결의 가장 근본적인 원리를 포함하는 민주주의의 꽃이다.

    토론은 정해진 시간과 규칙이 있어 순발력을 요구한다. 그렇기 때문에 임기응변을 할 수 있도록 사전 자료조사가 필수이며, 자신의 생각을 논리적으로 전달해야 하므로 발표력 및 글쓰기 능력도 갖추어야 한다. 이러한 과정 속에서 분석력, 비판력, 논리력, 그리고 메타인지를 키울 수 있다. 또한 팀으로 이루어지는 토론의 경우 같은 팀원들과 의견을 교류하며 주장과 근거를 탄탄하게 마련할 수 있다. 또한 상대의 질문을 받고 그에 대응하기 위해 준비하면서 양측의 입장을 깊이 있게 살펴볼 수 있다. 이런 활동은 단편적으로 지식을 습득하거나 피상적인 사고를 하는 것이 아니라 사물의 원리를 통찰하게 한다. 다양한 논제를 접하다 보면 초학문적으로 접근하여 통합적인 사고를 할 수 있는 능력을 길러준다.

    대학은 사회인이 되기 위한 준비를 하는 곳이다. 본인의 학문에 대한 이해뿐 아니라 사회 전반적인 문제에 대해 관심을 가져야 한다. 편협한 사고에서 벗어나 다양한 학문적 접근을 할 수 있도록 도와주는 것이 바로 토론이라 할 수 있다. 고정된 하나의 관점을 수용하는 수동적 학습태도를 넘어 더욱 다양한 학문적 접근과 시각도 존재할 수 있다는 사실을 확인하는 확장된 사고의 경험은 열린 사고를 지향하는 대학에서 반드시 필요한 학문의 태도다. 더욱이 우리 사회에서 강조하고 있는 학제 간 연계에서도 토론은 다른 어떤 방법보다 효율적이라고 할 수 있다.

3) 토론의 교육적 효과

　　토론의 교육적 효과는 무수히 많다. 대상이나 개인마다 차이는 크지만 일반적으로 대학생에게 기대하는 교육적 효과는 다음과 같다. 의사소통 능력 향상, 사회 참여 의식, 종합적 사고, 초학문적인 지식융합 능력, 민주시민의 기본 자질 등이다. 대학은 서로 다른 환경에서 자라온 다양한 학생이 모이는 곳이기에 중·고등학생 때와 달리 폭넓은 사고의 교류가 더욱 기대된다.

2

토론의
종류와
유형별
특징

1) 디스커션과 디베이트

우리나라에서는 토의와 토론을 크게 구분하지 않고 사용한다. 하지만 토의와 토론이라 번역하는 영단어인 디스커션(discussion)과 디베이트(debate)는 엄연히 다르다고 할 수 있다. 먼저, 어원부터 다르다.

디스커션(discussion)의 어원은 희랍어 dischos(주의 깊게 검사하다)이며 학습, 문제해결과 대안모색을 목적으로 한다. 정보와 의견교환을 하며 자유로운 형식으로 진행한다. 집단적 사고를 하면서 상호 협조적인 관계를 가지고 있다. 디베이트(debate)의 어원은 라틴어 debattuo(서로 떨어져 분리되어 싸우다)이며 설득, 관점의 변화를 목적으로 한다. 논증과 실증을 전개하는 형태이며, 엄격한 형식으로 진행된다는 특징이 있다. 그리고 상호 경쟁적으로 경기를 진행한다.

따라서 우리가 일상생활에서 사용하는 토론은 토의(디스커션)의 범위 안에 들어가며, 형식을 갖춘 토론만이 진정한 토론(디베이트)이라 할 수 있다.

자유롭게 디스커션을 한 후 합의가 이루어지지 않는 부분, 즉 쟁점을 가지고 디베이트로 이어갈 수 있다. 디스커션에서 만장일치로 합리적 결과가 도출

구분	디스커션(discussion)	디베이트(debate)
어원	희랍어 dischos (주의 깊게 검사하다)	라틴어 debattuo (서로 떨어져 분리되어 싸우다)
목적	학습, 문제해결과 대안모색	설득, 관점의 변화
주제	참여자 모두의 공통된 주제	참여자 모두의 공통된 주제
형태	정보와 의견교환	논증, 실증 전개
형식	자유롭다	엄격하다
진행	협의, 타협과 절충	논증, 주장과 관철
사고	집단적 사고	논리적 사고
관계	상호협조적	상호경쟁적

된다면 디베이트로 가지 않아도 되지만, 공평한 기회가 주어지지 않은 토의의 경우 피상적인 이야기로 끝날 우려가 있어 아카데미 디베이트를 진행해보는 것이 좋다.

2) 디스커션의 종류 및 방법

디스커션은 자유로운 분위기에서 진행한다. 하지만 여기에서 간단한 형식만 갖춘다면 더욱 효율적인 디스커션의 성과를 낼 수 있다. 교육환경에서 활용할 수 있는 대표적인 기법들을 소개하고자 한다.

(1) 원탁토론

이름은 원탁토론이지만 디스커션의 일종이라 할 수 있다. 6~8명 정도의 인원이 원탁에 둘러앉아 자리의 차등 없이 서로를 마주 보며 동등하게 이야기하는 형태다. 정치인이나 기업인이 권위를 내려놓고 모두 평등한 위치에서 발언할 수 있도록 하겠다는 취지에서 간혹 원탁을 활용해 회의하는 경우가 있다. 직사각형이나 리더의 자리가 명확해 보이는 탁자의 경우 자리가 주는 위압감이 있기 때문에 이를 예방하고자 하는 것이다.

원탁토론은 참여한 학생들이 모두 돌아가면서 발언한다. 이때 한 명도 빠짐없이 발언하도록 진행한다. 찬반이 명확하지 않은 상태에서 자신의 의견을 이야기해도 되며, 마지막 최종입장에서 처음 이야기한 입장과 달라져도 된다는 유연함이 있다. 참여자들의 이야기를 듣고 모호했던 생각을 정리해 자신의 의견을 명확하게 할 수 있다.

- 1차 발언은 시작한 사람의 오른쪽으로 돌아가며, 자신의 입장을 간략하게 이야기한다.
- 2차 발언은 질문하는 시간이며, 자유로운 순서로 진행한다. 단, 발언권은 개인당 1회이기 때문에 자신에게 발언권이 주어졌을 때, 최대한 여러 사람에게 질문하며 시간을 활용한다. 이때는 질문만 하는 시간이므로 질문을 받은 토론자는 즉각 답변할 수 없다. 질문받은 내용을 종이에 기입한 후 3차 발언을 기다린다. 질문이 없다면 넘어가도 되지만 자신에게 주어진 발언권을 최대한 활용하는 것이 적합하다.
- 3차 발언은 답변하는 시간이다. 마찬가지로 자유로운 순서로 진행한다. 2차 발언에서 질문을 받았다면 답변한 후 자신의 주장을 강화할 수 있다. 질문을 받지 않은 토론자는 자신의 주장을 강화하면 된다.
- 4차 발언은 1차 발언과 역방향으로 돌아간다. 최종적으로 자신의 생각을 정리하여 논제에 대한 입장을 밝히면 된다.

순서	설명	시간
준비(자리에 앉기)	원탁에 둘러앉아 번호를 부여한다.	
자기소개	돌아가며 자기소개를 한다(이름, 토론에 임하는 각오 등).	30초
1차 발언(입론)	주제에 대해 생각하는 바를 말한다.	2분
2차 발언 (교차질문)	1차 발언에서 토론자들의 주장 중 궁금했던 것을 묻거나 자신의 주장을 보충한다.	2분
3차 발언 (답변 및 반론)	2차 발언에서 받은 질문에 답변하고, 자신의 주장을 보충하거나 상대의 주장과 허점을 정확히 파악해 상대 측이 제시한 주요 주장을 효과적으로 반박한다.	3분
4차 발언 (최종입장 정리)	자신의 입장을 최종 정리한다.	2분

학급에서 진행할 경우 원탁토론 참여자를 제외한 학생들은 진행과정을 보면서 몇 번 토론자가 제일 설득력이 있었는지를 평가하도록 하면 모두 참여할 수 있게 된다. 한 명은 사회자, 한 명은 타임 키퍼를 시켜 많은 인원이 참여하도록 하는 것이 좋다.

(2) 브레인라이팅(brain writing)

참여자 전원이 참여할 수 있는 기법으로는 브레인라이팅이 있다. 브레인라이팅은 디베이트를 준비하기 전 단계로도 효율적인 활동이다.

준비물로는 전지, 매직, 포스트잇이며 모둠 활동을 통해 개별적 사고와 집단적 사고 훈련이 모두 가능하다. 포스트잇을 1인당 빨간색 3장, 파란색 3장을 배부한 후, 하나의 논제에 대해 찬성과 반대의 입장을 세 개씩 작성하도록 한다.

① 규칙

참가자 전원이 처음부터 끝까지 토의에 참여한다.

② 방법

- 참가자들의 아이디어를 포스트잇에 기록한다.
- 모든 참가자는 의무적으로 자신에게 주어진 포스트잇 장수만큼 아이디어를 적는다. 이때, 찬성·반대 양쪽 입장의 주장문을 모두 적는다.
- 조원들의 포스트잇을 모아 비슷한 내용끼리 묶어 전지에 붙인다.
- 묶인 상위개념에 맞는 하나의 문장을 만든다.
- 찬반 양쪽 입장을 정리한 후, 팀의 최종입장을 정한다.
- 한 명의 발표자가 나와 팀의 입장을 이야기한다.

③ 효과

- 토의 중 자신의 아이디어를 적은 포스트잇이 움직이게 되므로 토의에 집중하게 된다.
- 아이디어를 시각화함으로써 추상적 사고를 구체적 사고로 변환하는 효과를 거둘 수 있다.
- 토의가 중단되더라도 증거가 남아있기 때문에 다음에 연결하여 토의 및 토론을 진행할 수 있다.
- 활동 결과를 그대로 복사하면 하나의 포트폴리오가 된다.
- 브레인스토밍에서 나타나는 몇몇 개인의 지배력을 줄일 수 있다.

3) 디베이트의 종류 및 방법

아카데미 디베이트를 하기 위해서는 토론자, 심사위원, 청중이 필요하며 논제, 용어 정의, 쟁점, 주장 및 근거가 준비되어야 한다. 토론자는 찬성(긍정)과 반대(부정)로 구분되며 입론, 반론, 최종입장 정리의 역할을 구분해 자신에게 주어진 역할을 수행하게 한다. 찬성과 반대의 팀 선정은 자신이 하고 싶은 팀을 선택하기보다 랜덤으로 정하거나 혹은 역지사지를 가르치기 위해 일부러 입장을 바꿔 배정하기도 한다.

(1) 준비사항

① 논제

디베이트를 하기 위해서는 명확한 논제가 필요하다. 디스커션은 다양한 주제로 자유롭게 이야기할 수 있지만, 디베이트는 반드시 논제가 필요하다. 논제는 논란 가운데 가장 핵심적인 사안을 명료하게 해주는 진술문이며, 논제를 정한다는 것은 디베이트하고자 하는 범위를 정해준다는 것이다. 특히 정책 논제의 경우 성립 요건이 충족되어야 한다. 시의성을 담아야 하며, 대립축이 분명해야 한다. 예를 들어, "야만적인 개고기 판매는 중단해야 한다"처럼 찬성과 반대 어느 한편에 유리하게 작용하는 정서적 표현이 담긴 내용은 배제해야 한다. 또한 하나의 이슈만 담아 논점이 흐려지지 않도록 해야 한다. 또 "사형과 낙태는 금지해야 한다" 등 여러 이슈를 담다 보면 논점이 분산될 수 있기 때문에 각각의 이슈를 분리해 다루어야 한다.

논제는 크게 사실 논제, 가치 논제, 정책 논제로 구분할 수 있다. 사실 논제는 사실 여부를 판가름하는 논제로 주로 법정이나 과학 분야에서 이루어진다. 가치 논제는 개인의 가치판단에 대한 주제를 가지고 토론하게 된다. 답은 없으며 옳고 그름을 따지기 어렵다. 정책 논제는 위에서 기술했듯이 최근 사회 이슈나 해결되지 않은 오래된 문제 등을 담고 있다. 교육현장에서는 가치 논제와 정책 논제를 주로 활용한다. 가치 논제와 정책 논제 모두 흥미롭게 토론을 진행할 수 있다. 다만 정책 논제의 경우 쟁점이 더욱 명확해지고 근거 마련이 수월해 수업 시간 내에 토론활동을 하기에 좀 더 추천하는 바다. 논제 구분 연습을 해 보고 학생들이 직접 논제를 만들어볼 수 있도록 진행하는 것도 좋다.

> **예**
>
> • 안락사를 합법화해야 한다. → 정책 논제
> • 독도는 한국 땅이다. → 사실 논제
> • 정의는 질서보다 우선한다. → 가치 논제

② 쟁점

논제가 선정되면 그에 따른 찬성팀(긍정), 반대팀(부정)이 정해진다. 그리고 각 팀은 하나의 쟁점을 가지고 양측에서 주장과 근거를 제시한다. 쟁점(爭點)은 다툴 쟁(爭), 점 점(點)으로 "서로 다투는 중심이 되는 점"이라는 뜻이다. 즉, 찬성과 반대가 부딪히는 지점이라고 할 수 있다. 토론 프로그램을 시청하다 보면, 쟁점 없는 말다툼을 보게 되는 경우가 종종 있다. 각자 자신의 주장만 이야기하고 상대의 논점과 부딪히지도 않는다. 이러한 토론은 재미도 설득도 없다.

TV토론을 보거나 교육현장에서 아카데미 디베이트를 실행할 때는 정책 논제를 가지고 하는 경우가 대부분이다. 정책 논제는 현 상황을 변화하고자 하는 의도가 반영되어 있으며, 쟁점의 세울 때의 기준은 다음과 같다.

먼저, 필요성 측면이다. 논제는 현실을 변화하고자 하는 의도가 담겨있으며 찬성(긍정) 측에서 주장하는 내용과 일치한다. 즉 왜 변화가 필요한지를 논리적으로 전개해야 하며, 반대(부정) 측에서는 왜 필요하지 않은지에 대해 주장하면 된다. 이때, 찬성(긍정) 측에서는 지속적으로 내재하고 있는 문제점을 들고 나올 수 있다. 다음으로는 이익 측면이다. 찬성(긍정) 측에서는 그 정책을 시행했을 때 오는 이익을 이야기하고, 반대(부정) 측에서는 부작용이나 불이익을 이야기하면 된다. 마지막으로 실현 가능성(실효성) 측면이다. 찬성(긍정) 측에서는 정책을 시행할 수 있는지 외국 사례 등을 들거나 실효성이 뛰어나다는 점을 들어 설득하고, 반대(부정) 측에서는 정책이 아무런 실효성이 없으며 실현 불가능하다는 점을 짚어낸다. 쟁점이 형성되면 그에 대한 세부 근거를 제시하는 것이 토론의 핵심이라 할 수 있다. 이때 양측은 서로의 근거가 합당한지를 공격한다.

③ 입론서 작성

근거 마련을 충분히 했으면 실제 아카데미 디베이트에서 활용할 입론서를 준비한다. 대부분 변화를 의도하는 찬성 측에서 입론을 먼저 하는데, 이때 용어 정의를 하면서 디베이트의 범위를 명확히 정해주어야 한다. 찬성(긍정) 측 입론서의 구성요소는 논제의 배경 제시, 용어 정의, 개관 제시, 주장 및 근거, 요약 및 강화의 순서로 진행되며 반대(부정) 측 입론서는 긍정 측 핵심주장 제시, 개관 제시, 주장 및 근거, 요약 및 강화의 순으로 진행한다. 이때 논제-쟁점-주장-근거가 일맥상통하도록 해야 한다는 점에 주의해야 한다. 간혹 쟁점과 다른 주장을 하거나 주장에 맞지 않는 근거를 제시하면서 논제 이탈을 하는 경우가 있는데, 찬반에서 다투는 지점에서 벗어나지 않도록 해야 원활한 디베이트를 할 수 있다.

4) 아카데미 디베이트의 종류

(1) 링컨-더글러스 방식 디베이트(Lincoln-Douglas Debate)

1858년 일리노이주 상원의원 선거에서 에이브러햄 링컨과 스티븐 더글러스는 일곱 차례에 걸쳐 노예제도에 대해 열띤 토론을 했다. 이 방식은 일대일로 진행하는 만큼 개인의 토론실력이 확연히 드러난다. 일대일인데다 별도의 숙의시간이 없어 순발력과 박진감 넘치는 형태라 할 수 있다. 정책 논제보다는 가치 논제로 많이 진행하며, 교육현장에서는 일대일이 아닌 팀 전으로 변형하여 활용하기도 한다.

절차	시간(총 32분)
찬성 측 입론	6분
반대 측 교차질의	3분
반대 측 입론	7분
찬성 측 교차질의	3분
찬성 측 반론 1	4분
반대 측 반론	6분
찬성 측 반론 2	3분

(2) 의회식 디베이트(Parliamentary Debate)

1820년 옥스퍼드대학교와 케임브리지대학교 학생회가 진행하던 토론 형식으로, 영국 의회에서 토론하는 방식을 바탕으로 만들어졌다. 2:2로 이루어지며 참여자들의 발언 기회와 시간도 다르다. 특히 의회식 토론은 발언권 요청(Point of information: POI)이라는 시간이 있어 입론 시간에 지적하거나 질문하며 끼어들 수 있다는 특징이 있다. 이러한 이의제기 룰로 인해 디베이트 참여자나 지켜보는 청중 모두 긴장을 놓을 수 없게 한다. POI는 유불리를 살피면서 전략적으로 받아주거나 거부할 수 있다.

찬성				반대			
국무총리		여당 국회의원		야당 대표		야당 국회의원	
입론	7분						
				입론	8분		
		입론	8분				
						입론	8분
				반박	4분		
반박	5분						

(3) 세다(Cross Examination Debate Association: CEDA)

찬성				반대			
1 토론자		2 토론자		1 토론자		2 토론자	
입론	8분						
						교차조사	3분
				입론	8분		
교차조사	3분						
		입론	8분				
				교차조사	3분		
						입론	8분
		교차조사	3분				
				반박	4분		
반박	4분						
						반박	4분
		반박	4분				

1947년 미국 육군사관학교에서 전국토론연맹을 만들면서 시작했다. 여기에 교차질문을 더하며 토론자들 간 활발한 소통을 강조하는 형식으로 발전한 것이다. 교차질의를 전략적으로 하는 것이 핵심이며, 양팀에게 숙의시간(작전타임)을 준다는 것도 특징이다. 2:2가 기본이지만 변형하여 3:3, 4:4 토론도 가능하다. 입론시간도 전형적인 세다 토론은 8분이며 10분까지 제공하기도 하지만, 초등학생의 경우 4분 정도가 적당하다. 숙의시간은 3분을 주어 각 팀에서 1분 단위로 나누어 전략적으로 사용하도록 한다.

(4) 카를 포퍼 디베이트(Karl Popper Debate)

카를 포퍼는 과학철학자로서 비판적 합리주의 인식론을 제청했다. 그의 사상은 사회과학론, 역사론, 인간론에 영향을 미쳤으며 토론 형식으로 만들어지기도 했다. 검증을 통해 진리를 증명한다는 점에서 진정한 논증과정이라 할 수 있다. 다른 디베이트 형식들이 상대의 오류를 짚어내는 데 집중한다면, 카를 포퍼 디베이트는 상대의 오류 지적뿐만 아니라 자신의 입론에 대한 입증의 책임을 져야 한다. 작전시간도 3분씩 양쪽 모두에게 제공하며, 각 팀에서 발언 전에 전략적으로 1분 단위로 사용하도록 한다.

찬성						반대					
1 토론자		2 토론자		3 토론자		1 토론자		2 토론자		3 토론자	
입론	6분										
										교차	3분
						입론	6분				
				교차	3분						
		반박	5분								
						교차	3분				
								반박	5분		
교차	3분										
										반박	5분
				반박	5분						

이 외에도 다양한 토론방식이 있으며, 주최 주관의 요구에 맞게 채택 및 수정하여 활용할 수 있다.

요약

1. 토론은 설득과 타협을 통해 문제를 해결하는 민주적인 갈등 해결의 원리다.

2. 토의는 토론보다 포괄적인 의미의 의견 교환으로 상호 협조적인 관계에서 문제해결을 모색하며 원탁토의나 브레인라이팅 방법으로 시행할 수 있다.

3. 토론은 쟁점이 형성된 논제에 대한 의견 교환으로 상호 경쟁적인 설득 과정이며 진행 방식에 따라 링컨-더글러스 토론, 의회식 토론, 세다 토론, 카를 포퍼 토론 등의 형식으로 구분된다.

4. 토론의 논제는 논란의 핵심과 대립축이 분명히 담겨 있어야 하며, 하나의 주제만 다루어야 한다. 논제가 다루는 주제의 성격에 따라 사실 논제, 가치 논제, 정책 논제로 나뉜다.

5. 토론의 쟁점은 서로 부딪히는 지점으로 필요성, 지속성, 이익, 실현 가능성 등이 쟁점으로 형성된다.

학습 활동

1. 카를 포퍼는 비판적 합리주의에 대해 다음과 같은 해석을 제시했습니다. 이 말의 의미를 함께 생각하며 우리가 토론을 통해 도달하고자 하는 목표가 무엇인지 함께 이야기해봅시다.

"내가 틀리고 당신이 옳을 수도 있다. 진리에 더 가까이 다가가는 것이 누가 옳고 그른지를 따지는 것보다 더 중요하다는 것을 잊어서는 안 된다. 이 논의가 끝날 때쯤 우리 모두는 이전보다 더 명확히 이 문제를 볼 수 있기를 바라자. 이러한 목표를 염두에 둘 때만 토론에서 자신의 입장을 최대한 옹호할 수 있다."

2. 논제는 다루는 주제의 성격에 따라 사실 논제, 가치 논제, 정책 논제로 구분됩니다. 각각의 성격에 맞는 논제를 하나씩 만들어봅시다.

• 사실 논제:

• 가치 논제:

• 정책 논제:

3. 정책 논제에 대해 긍정과 부정의 토론 입론서를 작성해봅시다.

〈긍정 측 입론서〉

- 논의 배경:

- 용어 정의:

- 개관 제시:

- 주장 1(단언):
- 주장 1 근거(이유 혹은 증거):

- 주장 2:
- 주장 2 근거(이유 혹은 증거):

- 주장 3:
- 주장 3 근거(이유 혹은 증거):

- 주장 요약 및 강조:

〈부정 측 입론서〉

- 긍정 측 핵심주장 제시:

- 개관 제시(반박적 주장과 공격적 주장으로 구성):

- 주장 1(반박적 주장의 단언):
- 주장 1 근거(이유 혹은 증거):

- 주장 2(반박적 혹은 공격적 주장):
- 주장 2 근거(이유 혹은 증거):

- 주장 3(공격적 주장):
- 주장 3 근거(이유 혹은 증거):

- 주장 요약 및 강조:

5장

토론의 준비와 전략

토론의 긍정 측은 현 상태에 대해 변화의 필요성을 입증해야 하는데, 이것을 입증할 수 없다면 기존의 상태를 인정하고 존중해야 한다. 왜냐하면 현 상태는 과거 어느 시점에서 사회적 논의를 통해 합의된 결과이기 때문이다.

학습 목표

1. 논제를 분석하고 토론의 기본 원칙을 습득한다.

2. 토론의 구성(입론, 교차조사, 반론 등)에 대해 알아본다.

3. 토론의 평가기준을 살펴보고, 토론 실습을 준비한다.

1

토론의
준비와
실행
방법

1) 입증의 의무

아카데미식 토론에서 긍정 측은 입증의 의무(burden of proof)를 진다. 입증의 의무는 소송에서 자신에게 유리한 사실을 주장하기 위해 법원을 설득할 만한 증거를 제출하는 책임을 의미하는 법률 용어다. 형사소송에서는 검사가, 민사소송에서는 원고가 입증의 의무를 지며 '입증의 부담', '증명의 부담', '거증의 부담' 등으로도 불린다. 토론에서 긍정 측에 부과된 입증의 의무는 라틴어 'onus probandi'에서 유래된 것으로, 주장하는 자가 증명해야 한다는 것을 의미한다. 법률 용어로서 이 개념은 피고의 유죄가 인정되기까지 무죄라는 것을 전제로 하는데, 검사는 무죄가 추정되는 상황에서 유죄임을 입증해야 하는 부담을 갖게 된다.

아카데미식 토론의 긍정 측은 현 상태가 문제가 있기 때문에 이를 변화시켜야 한다는 주장을 전개하는데, 이때 변화의 당위성을 논리적으로 증명해야 하는 것이 입증의 의무다. 즉, 긍정 측은 현 상태에 대해 변화의 필요성을 입증해야 하는데 이것을 입증할 수 없다면 기존의 상태를 인정하고 존중해야 한다.

왜냐하면 현 상태는 과거 어느 시점에서 사회적 논의를 통해 합의된 결과이기 때문이다. 이러한 입증의 의무는 토론의 성격에 따라 부여되는 필수 쟁점을 입론에서 모두 다룸으로써 해소될 수 있는데, 먼저 현 상태의 문제가 심각하며 지속적으로 발생할 것임을 제시하고, 긍정 측이 제시하는 방안을 통해 그것이 충분히 해결 가능하며 긍정 측의 주장을 통해 새로운 이익이 발생할 수 있음을 단계적으로 증명한다.

2) 반증의 의무

반증의 의무(burden of rebuttal)는 "침묵이 곧 동의를 의미한다"는 토론의 원칙에 따라 반박하지 않으면 긍정 측의 논리를 인정하는 것이기 때문에 긍정 측이 주장한 내용이 옳지 않음을 증명해내야 하는 반대 측의 의무를 말한다. 부정 측은 긍정 측이 필수 쟁점을 통해 제시한 주장을 효과적으로 반박해야 하는데, 이를 위해 먼저 긍정 측의 주장이 논제에서 벗어났음을 주장할 수 있다. 또한 전체 논지를 정당화할 수 없는 주장이거나, 비전형적 주장임을 공격하거나, 개념의 정의가 올바르지 않음을 문제 삼을 수 있다. 더불어 긍정 측이 제시한 주장에 문제점이 많아 불이익이 발생할 수 있거나 더 나은 대체 방안을 제시하는 것도 반증의 의무를 해소할 전략이 될 수 있다. 토론의 입론은 대립되는 쟁점을 형성해 전체 토론을 이끌어가야 하는 중요한 역할을 담당한다. 즉 긍정 측 입론은 논제에 대한 자신의 주장이 현재의 문제점을 타당하게 지적하고 있음을 입증해야 하며, 부정 측 입론은 긍정 측 주장의 부당함을 지적하며 반증의 의무를 해소해야 한다.

추정의 원칙: 현재는 과거의 합의 위에 서 있다.

우리가 살아가는 사회의 규범과 제도는 어느 날 갑자기 형성된 것이 아니다. 오늘날 우리가 당연하게 받아들이는 많은 것들은 과거 세대의 논의와 합의 속에서 점진적으로 발전해온 결과물이다. 이를 설명하는 개념이 바로 '추정의 원칙(Presumption Principle)'이다.

추정의 원칙이란 현재 존재하는 사회적 규범, 제도, 법 혹은 관습이 과거의 세대에 의해 충분한 논의와 검토를 거쳐 형성되었으며, 따라서 그것은 합리적이고 정당하다는 가정을 전제로 한다는 개념이다. 이는 모든 기존 제도가 완벽하다는 뜻이 아니라, 지금까지 유지될 수 있었던 이유가 무엇인지를 고려하고 존중하는 태도를 강조하는 것이다. 이는 기존 질서를 무조건 옹호해야 한다는 보수적인 입장과는 다르다. 추정의 원칙은 기존 제도가 이미 검증된 것이므로 쉽게 폐기하거나 급진적으로 변경해서는 안 되지만, 충분한 이유가 있을 경우에는 개혁할 수 있다는 점에서 균형을 추구한다.

1) 법률과 사법 제도

현대사회의 법률 체계는 수많은 세대에 걸쳐 발전해왔다. 특정한 법이 존재하는 이유는 그것이 오랜 시간 동안 사회 질서를 유지하는 데 효과적이었기 때문이다. 예를 들어, 무죄 추정의 원칙(Presumption of Innocence)은 오랜 법적 논의를 통해 확립된 것으로, 피고인이 유죄로 입증될 때까지는 무죄로 간주된다는 개념이다. 이러한 원칙이 오랫동안 유지된 것은 그 원칙이 사회 정의를 실현하는 데 효과적이라는 합의가 지속되어왔기 때문이다.

2) 민주주의와 선거 제도

오늘날의 민주주의는 수많은 세대가 시행착오를 거치며 정립한 정치 체제다. 선거를 통한 대표 선출 방식은 단순한 우연이 아니라, 오랜 시간 논의를 통해 가장 공정한 방법으로 인정받았기 때문에 유지되고 있다. 물론 선거 방식은 시대에 따라 변화할 수 있지만, 기존 방식이 유지되는 이유는 사회적 합의를 통해 검증된 시스템이기 때문이다.

3) 언어와 맞춤법

언어는 끊임없이 변하지만, 특정한 맞춤법이나 문법 규칙이 존재하는 이유는 의사소통의 효율성을 보장하기 때문이다. 예를 들어, 한국어 맞춤법이 일정한 규칙을 따르는 것은 과거의 언어학자들이 논의를 거쳐 표준을 정했기 때문이다. 맞춤법이 시대에 따라 변화할 수는 있지만, 기존 체계를 완전히 무시할 경우 오히려 혼란을 초래할 수 있다.

4) 경제 제도와 시장 시스템

시장경제 시스템은 오랜 기간 동안 여러 경제 모델과 이론을 실험한 결과 현재의 형태로 정착되었다. 예를 들어, 많은 국가에서 자유시장경제가 채택된 이유는 그것이 경제 발전과 개인의 경제적 자유를 보장하는 효과적인 방식으로 인정되었기 때문이다. 하지만 이는 절대적인 것이 아니며, 시대의 변화에 따라 조정될 수도 있다.

추정의 원칙은 현재의 제도와 규범을 무조건적으로 받아들이라는 것이 아니라, 그것이 왜 존재하는지를 이해한 후에 변화의 필요성을 논의해야 한다는 점을 강조한다. 즉, 과거 세대의 합의를 존중하되, 비합리적인 요소가 있다면 충분한 논거를 갖고 개혁해야 한다는 것이다. 이는 개인의 사고

방식에도 적용될 수 있다. 새로운 변화를 시도할 때는 기존의 방식이 유지되어온 이유를 먼저 이해한 후, 더 나은 방향을 고민하는 것이 중요하다. 사회 제도뿐 아니라 기업 경영, 교육 시스템, 문화적 전통 등에서도 추정의 원칙을 적용하면 더욱 신중하고 균형 잡힌 의사결정을 내릴 수 있다.

결국, 추정의 원칙은 과거와 현재를 연결하는 중요한 사고방식이며, 이를 통해 우리는 전통과 혁신 사이에서 균형 잡힌 접근을 할 수 있게 된다.

3) 긍정 입론의 주장 전개 방식

긍정 측과 부정 측이 각자 주장을 선택하고 전개해나가는 방식에 따라 필수 쟁점에 따른 전개, 이익 비교에 따른 전개, 토론자의 개인적 가치에 따른 전개 등으로 구분할 수 있다.

(1) 필수 쟁점에 따른 전개

필수 쟁점에 따른 전개는 논제에 따라 필수적으로 논의되어야 하는 요소들을 주장 전개의 기준으로 삼는 방식을 말한다. 긍정 측은 필수 쟁점에 따라 주장을 설계하고, 부정 측은 긍정 측이 제안한 주장에 대립하는 방식으로 입론이 진행된다. 토론의 입론은 토론자가 토론 주제와 관련하여 자신의 생각을 논리적으로 분명하게 말함으로써 상대방에게 자기 주장을 내세우는 과정이며, 입론에서 가장 중요한 것은 진술 내용의 논리성이다. 또한 토론이 더욱 생산적이고 효율적으로 진행되기 위해서는 입론에서 분명한 쟁점이 형성되어야 한다. 토론의 긍정 측 입론은 증명의 부담(burden of proof)을 짊어지며, 이를 위해 현상태의 문제점을 증명하고 변화를 주장하게 된다. 따라서 긍정 측 입론자는 논제의 핵심 요소들인 '필수 쟁점(stock issues)'을 중심으로 전략을 설계해야 하며, 이때 필수 쟁점이란 토론의 종류에 따라 대립되어 등장하는 쟁점을 말한다.

사실 논제의 경우 사실에 대한 행위 유무를 추정하는 추측의 상태, 언어의 정의를 통해 상태나 상황을 규정하는 정의의 상태, 사실을 인정하는 정도의 차이를 나타내는 정도의 상태, 논의에 대한 과정과 절차에 대한 쟁점을 통해 상황을 규정하는 절차의 상태를 필수 쟁점으로 갖는다. 또한 정책 논제의 경우 문제의 배경과 용어의 개념 정의, 정당화 방안, 이익과 부작용, 실효성 등을 필수 쟁점으로 한다. 가치 논제는 정의의 쟁점, 가치 우선순위의 쟁점, 가치 판단 기준의 쟁점, 대상 판단 방법의 쟁점 등을 필수 쟁점으로 한다.

토론의 긍정 측 입론에서 필수 쟁점에 따라 주장을 전개하는 것은 필수 쟁점을 그대로 긍정 측 입론의 논리 구조로 사용하는 경우다. 필립스와 그의 동료들(2006)은 필요 방안 모형(need-plan model)을 통해 필수 쟁점을 입론 구조의 근간으로 세우는 모형을 제시했다. 필요 방안 모형은 "현재 문제의 심각성이 인식되어 변화의 필요가 있으며, 제시된 방안이 문제를 해결할 것이다"라는 것을 골자로 한다. 또한 필요 방안 모형은 사법적 패러다임에 입각한 것으로, 추정의 원칙을 전제로 한다. 새로운 정책은 위험성을 수반하므로 변화의 필요성을 정확히 입증하지 못한다면 현재 상태가 옳은 것으로 판단한다. 이러한 필수 쟁점이 토론의 긍정 측 입론에서 모두 언급되지 않으면 반대 측에서 필수 쟁점을 검토하고 반박할 기회가 제한되어 원활한 토론이 이루어지지 않게 되고, 토론의 목적을 달성할 수 없게 된다.

논제: 연예 뉴스의 댓글을 모두 폐지해야 한다(필수 쟁점)	
정책 논제 필수 쟁점	• 개인에 대한 악성 댓글이 생산되고 있어 폐지해야 한다. → 정책 논제의 필수 쟁점 중 문제점을 주요 주장으로 전개
	• 악성 댓글로 심각한 명예훼손이 발생해 폐지해야 한다. → 정책 논제의 필수 쟁점 중 심각성을 주요 주장으로 전개

(2) 이익 비교에 따른 전개

이익 비교 모형(comparative advantage model)은 복잡한 사회구조 속에서 문제의 원인이 다양해지면서 등장한 새로운 입론 전개 방식이다. 정책 입안 패러다임에 기반한 비교 우위 모형은 긍정 측이 제안하는 새로운 주장이 현 상태의 문제를 더 잘 해결할 수 있다는 상대적 이익을 강조한다. 필요 방안 모형이 추정의 원칙을 전제하는 것의 부당성을 전제하며, 기존 주장과의 비교 우위가 논리전개의 근간이 된다. 비교 우위 모형은 찬성 측이 입론에서 제시한 필수 쟁점을 반대 측이 모두 다루지 않고 반대 측이 독립적으로 설정한 이익의 범주 안에서 통합적으로 처리된다. 1996년 일본 교실디베이트연맹이 개발한 메리트-디메리트(merit-demerit) 비교 방식 역시 필수 쟁점에 따라 주장을 전개하기보다는 비교 우위에 있는 주장을 전개하는 입론 전개 방식이다. 메리트-디메리트 방식은 정책 논제에 초점을 맞춘 것으로, 현명한 유권자는 어떤 후보의 정책이 국민에게 메리트가 많고 디메리트가 적은지를 판단할 수 있다는 것을 전제한다. 긍정 측은 논제를 긍정하는 입장에서 구체적인 플랜을 제시하고, 그로 인해 생기는 메리트를 중점적으로 증명한다. 메리트가 디메리트보다 크다는 것이 논증되면 긍정 측이 승리한다.

논제: 연예 뉴스의 댓글을 모두 폐지해야 한다(이익 비교)	
정책 논제 이익 비교	• 연예인에 대한 악성 댓글을 해결할 수 있다. → 댓글을 모두 폐지했을 때 발생하는 가장 큰 이익 제시
	• 포털 댓글 관리의 신호탄이 될 수 있다. → 논제를 통해 얻을 수 있는 이익 또는 해결책 제시

(3) 토론자의 개인적 가치에 따른 전개

존 미니와 케이트 셔스터(John Meany & Kate Shuster, 2008)는 긍정 측 입론의 전개에 대해 토론을 위한 분명한 토대를 마련한 후 자신의 주장에 대한 해석을 뒷받침하는 구체적인 주장을 전개해야 한다며, 일반적으로 3~4개 정도의 주요 주장과 이와 일치하는 일반적인 증거를 제시해야 한다고 했다. 물론 의회식 토론에 제한된 설명이지만, 필수 쟁점에 대한 언급이 없어 토론자의 개인적 가치에 따라 주장이 선택된다는 것을 전제했다. 이정옥(2008)도 긍정 측의 입론은 논제를 둘러싼 사회적 배경을 말하고 핵심 용어의 개념을 정의하며 논점을 3~4개 항목으로 정리하여 전개한 후 기대 효과를 열거하는 방식으로 입론의 전개를 제시했다. 이선영(2011)의 연구는 입론 구성 능력의 위계적 양상에 대해 '주장에 대한 이유 제시하기', '주장에 대한 이유와 근거를 연결 지어 제시하기', '주장에 대한 충분하고 적절한 논증 제시하기'로 정리하며, 주장의 선택에 대한 특별한 조건을 제시하지 않고 있다. 논제의 성격별로 구조화된 필수 쟁점에 따라 긍정 측의 입론을 전개하기보다는 쟁점의 형성 자체에 초점을 둔 전개도 있다. 긍정 측의 입론은 논제의 배경 제시, 용어의 개념 정의, 핵심 주장하기의 구조로 전개되며 핵심 주장은 주장과 근거, 세부 근거 및 뒷받침 사례로 구성된다는 것이다.

논제: 연예 뉴스의 댓글을 모두 폐지해야 한다(개인 가치)	
정책 논제 개인 가치	• 제2의 설리를 막아야 한다. → 개인적으로 가장 중요하게 생각하는 가치 제시
	• 포털의 사회적 책임을 수행해야 한다. → 개인적으로 중요하게 생각하는 가치 제시

4) 부정 입론의 주장 전개 방식

　　토론에서 부정 측 입론에 대한 연구는 학자마다 다른 의견을 보이는 지점이다. 토론 교육 현장이나 토론대회에서 서로 다르게 제시되는 부정 측 입론의 전개방식은 선행연구를 통해 크게 세 가지 방식으로 정리될 수 있다. 토론에서 중요한 것은 쟁점 형성이기 때문에 부정 측은 긍정 측이 주장한 범위 내에서 반증의 의무만 수행해야 한다는 소극적인 해석, 부정 측은 긍정 측의 주장과 별도로 독립적인 주장을 제시할 수 있다는 적극적인 해석이 있다. 또한 두 가지 방법을 혼용하여 구사할 수 있다는 연구도 있는데, 이러한 주장은 부정 측 입론의 본질적인 기능이 논제에 대한 반대 주장을 세우는 것인지, 찬성 측 주장에 반박하는 기능을 하는 것인지에 대한 의문을 제기한다. 선행연구를 부정 측 입론 전개 방식에 따라 구체적으로 정리하면 다음과 같다.

(1) 직접 반박에 따른 전개

　　직접 반박(direct refutation)은 부정 측 토론자가 긍정 측 토론자의 주장을 하나도 빠짐없이 직접적으로 모두 반박하는 것을 말한다. 존 미니와 케이트 셔스터(2003)는 부정 측 토론자는 긍정 측 토론자가 제시한 주장에 반대되는 예를 모두 제시함으로써 긍정 측의 주장을 상쇄시킬 수 있다고 했다. 부정 측 입론은 긍정 측 입론 내용에 대한 응답을 통해 제시된 주장이 최소한 1개 이상 직접적으로 반박되어야 한다. 정책 토론의 경우 직접 반박을 통해 반증의 의무를 해소할 수 있으며, 세 가지 반증 전략이 가능하다. 첫째, 긍정 측이 필수 쟁점에 따라 제시한 주장의 한계와 제한점을 반박하고 둘째, 정책의 비용과 부작용을 제시하며 셋째, 사안의 본질과 지속성을 공격하는 것이다.

　　부정 측 입론에 대한 언급 중 용어 정의에 대해 따로 밝히고 있는데, 긍정 측 입론의 고유 권한으로 인식되는 용어 정의에 대해 부정 측이 합리적으로 반아들일 수 있는 대체 정의를 찾는 것을 허용하고 있다. 더불어 긍정 측이 제시한 필수 쟁점에 대해 일일이 반박하며 입론이 전개되어야 함을 명시했다. 토론의 입론에서 부정 측이 직접 반박의 형태로 시행하는 입론의 구체적인 사례는 아래와 같다.

논제: 사형 제도를 폐지해야 한다(직접 반박)	
긍정 측 입론	부정 측 입론
첫째, 국가에 의한 살인이다. 둘째, 오판의 위험이 있다. 셋째, 범죄 예방 효과가 없다.	첫째, 국가에 의한 살인이 아니다. 둘째, 오판의 위험이 없다. 셋째, 범죄 예방 효과가 있다.

부정 측은 긍정 측이 입론에서 제시한 주장에 대해 하나도 빠짐없이 직접적으로 반박하며 입론의 주장을 전개하고 있음을 알 수 있다. 이러한 전개 방식은 부정 측 입론이 형식상 입론의 기능을 수행하지만, 내용상 첫 번째 반박 기능을 수행하는 것으로 이해될 수 있다.

(2) 간접 반박에 따른 전개

간접 반박(indirect refutation)은 긍정 측에서 정식으로 포함하지 않았던 핵심 쟁점을 부정 측 입론에서 제기하는 것을 말한다(Meany & Shuster, 2003). 이는 긍정 측이 입론을 구성할 때 고려한 내용이지만, 긍정 측에 불리하게 작용한다고 판단했거나 근거가 불충분하여 제외시켰던 주장일 가능성이 크기에 긍정 측의 약점을 공격하는 것이 된다. 그러나 부정 측의 입론에서 간접 반박을 통한 주장을 전개할 경우 쟁점이 형성되지 않아 전체 토론이 각자의 주장 발표로 끝나버릴 수 있다. 이러한 간접 반박의 한계를 찬반(贊反) 토론과 찬찬(贊贊) 토론의 개념으로 비교하며 경계한 지적도 있다. 신광재와 동료 교사들(2011)은 긍정 측이

"사형 제도는 유지되어야 한다"는 논제로 주장을 펼쳤는데, 부정 측이 긍정 측과 쟁점이 형성되지 않는 별도의 독립된 반대 주장을 펼친다면, 이는 반증의 의무를 소홀히 한 것이며 엄밀한 의미에서 "사형 제도는 필요하지 않다"는 별도의 논제를 세워 새로운 긍정 측 입론을 시도한 것이라는 해석을 제시했다. 쟁점이 형성된 찬반 토론이 아니라 논제에 대해 긍정하는 주장이 연속되는 찬찬 토론이 되어 합리적 의사소통의 의미가 무색해진다는 것이다. 토론의 입론에서 부정 측이 간접 반박의 형태로 시행하는 입론의 구체적인 사례는 아래와 같으며, 부정 측의 입론은 긍정 측이 입론에서 제시한 주장과 관계없는 별도의 독립된 주장을 펼치고 있음을 알 수 있다.

논제: 사형 제도를 폐지해야 한다(간접 반박)	
긍정 측 입론	부정 측 입론
첫째, 국가에 의한 살인이다. 둘째, 오판의 위험이 있다. 셋째, 범죄 예방 효과가 없다.	첫째, 피해자의 인권이 중요하다. 둘째, 국민의 다수가 사형제 유지의 필요성을 인정한다. 셋째, 흉악범죄가 증가하고 있으므로 시기상조다.

(3) 직접 반박과 간접 반박의 혼용에 따른 전개

부정 측 토론자는 반증의 의무를 덜기 위해 다음 긍정 측의 주장 중 적어도 하나 이상을 명확히 반증함으로써 승리하는 전략을 세워야 한다. 부정 측은 긍정 측이 제시한 필수 쟁점에 이의를 제기한 후 부정 측이 준비한 입론을 펼쳐야 하며, 이는 각각 반박적 주장과 공격적 주장이라는 개념으로 구분될 수 있다. 부정 측의 입론에서 긍정 측 입론 주장에 대한 반박적 주장이 시도되지 않는다면 연결고리가 없는 별도의 독백이 될 수 있다. 아카데미 토론의 입론에서 부정 측이 직접 반박과 간접 반박 혼용의 형태로 시행하는 입론의 구체적인 사례는 아래와 같다. 여기서 부정 측의 입론은 긍정 측이 입론에서 제시한 주장과

관계없는 별도의 독립된 주장, 즉 2개의 공격적 주장을 먼저 펼친 후 긍정 측이
제시한 주장과 쟁점을 형성하는 주장, 즉 1개의 반박적 주장을 제시하며 입론
을 전개하고 있음을 알 수 있다.

논제: 사형 제도를 폐지해야 한다(혼용 반박)

긍정 측 입론	부정 측 입론
첫째, 국가에 의한 살인이다. 둘째, 오판의 위험이 있다. 셋째, 범죄 예방 효과가 없다.	첫째, 피해자의 인권이 중요하다. 둘째, 국민의 다수가 사형제도 유지의 필요성을 인정한다. 셋째, 범죄 예방 효과가 있다.

5) 교차조사의 시행 방식

교차조사(cross-examination)는 '반대신문'이라고도 한다. 토론자들은 주어진
시간 내에 상대 토론자가 전개한 주장에 대해 질문하고 답변하는 상호작용 과
정을 거칠 수 있다. 교차조사를 시행하는 목적은 첫째, 상대 토론자가 전개한
주장의 내용을 명확히 지적하여 상대 논증에 대한 잘못된 해석을 방지하고 상
대가 취한 입장에 대해 정확하게 이해하기 위해서다. 둘째, 상대 토론자가 전개
한 내용의 논리적 허점이나 근거의 부족함, 이해되지 않는 주장 등에 대해 지적
할 기회를 통해 상대 주장의 약점을 노출시키기 위함이다. 셋째, 이어지는 토론
에서 자신이 전개할 주장의 타당함을 질문을 통해 미리 노출시킬 수 있다. 이
과정에서 상대 주장의 부당함이나 논리적 오류 등을 미리 지적하여 앞으로 펼
쳐질 자신의 주장과 연결시킬 수 있다.

교차조사의 전형적인 방식은 일정한 시간 안에 한 명의 토론자가 질문자
의 역할을 하고 상대편의 다른 한 명의 토론자가 답변자의 역할을 수행하는 것
이다. 교차조사는 매우 역동적인 과정이며 효과적으로 이루어졌을 경우 중대

한 전환점을 마련할 수 있다. 그러나 단편적으로 주고받는 식의 질문은 교차조사라고 할 수 없으며, 전략적으로 제시되는 몇 개의 질문은 질문이 끝난 후 반드시 일정한 결론에 도달해야 한다. 아래의 내용을 통해 일정한 결론에 도달하는 것에 대한 이해를 높일 수 있다. 부정 측은 찬성 측이 주장한 내용을 명확하게 확인했으며, 그런 생각의 전제는 '인터넷 기사의 댓글'이 연예인 자신의 평판에 영향을 미친다고 판단했기 때문이라는 것을 질문을 통해 확인한다. 이어서 소셜미디어의 영향력에 대해 질문하는데, 교차조사 종료 후 부정 측은 긍정 측의 '인터넷 기사의 댓글'은 결정적인 영향을 미치지 않으며 오히려 '소셜미디어의 댓글'이 연예인 평판에 더 큰 영향을 미친다는 주장을 전개할 것을 예상할 수 있다.

질문: 긍정 측은 악성 댓글이 연예인의 죽음에 결정적인 영향을 미친다고 주장하셨습니다. 맞습니까?

답변: 네, 그렇습니다.

질문: 그렇다면 긍정 측은 연예인이 자신에 대한 부정적인 평판을 주로 인터넷 기사의 댓글을 통해 접하게 된다고 생각하시는군요. 맞습니까?

답변: 대부분은 그렇다고 생각합니다.

질문: 긍정 측은 SNS와 유튜브 등 각종 소셜미디어가 연예인 평판에 미치는 영향력에 대해 생각해보신 적 있으신가요?

답변: 영향력이 증가했다고 생각하지만, 정확한 수치는 조사하지 못했습니다.

교차조사의 질문 형식은 대략 다음의 세 가지 형식으로 정리될 수 있다. 첫째, 유도질문으로 질문자가 답변을 암시하면서 답변자가 그러한 답변을 하도록 유도하거나 부추기는 질문이다. 둘째, 직접질문으로 질문자가 답을 이미 알고 있기 때문에 답변자에게 간략하거나 구체적으로 답변하기를 요구하는 질문이다. 셋째, 함정질문으로 추정을 기반으로 질문을 구성한 후 질문자가 추정에 해당하는 것을 직접적인 표현으로 대답하도록 몰아가는 질문이다.

교차조사를 시행할 때 질문자는 직전의 토론자가 전개한 주장을 바탕으로 질문을 구성해야 하며, 질문한 내용은 반드시 다음에 이어지는 반박 전략을 수립하는 데 활용해야 한다. 만약 교차조사를 통해 밝혀진 내용이 다음 토론에 전혀 반영되지 않는다면, 교차조사를 담당한 토론자가 토론에 참여하지 않은 것으로 간주될 수도 있다.

6) 반론의 전개 방식

반론은 토론의 전제조건이자 핵심이다. 토론은 서로 다른 입장을 전제로 의견을 주고받는 것이기 때문에 하나의 주장이 전개되는 순간 동시에 반론이 형성된다. 즉, 반론이 있기 때문에 토론이 가능하다. 현실세계의 주장은 수학이나 과학과 달리 완벽할 수 없어서 언제나 반박의 가능성을 지닌다. 토론에서 상대의 좋은 주장은 인정할 수 있다. 그러나 인정할 수 없는 주장을 반론해야 한다면 오류의 이유를 명확히 제시하며 건전하게 반론을 전개해야 한다.

토론의 반론은 상대 주장의 오류를 발견하는 것으로 잘못된 생각이나 잘못된 추론, 잘못된 주장의 연결 등을 발견하는 것이다. 논제가 제시한 범위를 벗어났거나, 주장을 뒷받침하고 있는 자료의 부당함 등을 지적할 수 있다. 반론에서 주의할 점은 입론과 달리 새로운 주장을 제시할 수 없다는 것이다. 그러므로 반론은 모두 직접 반박의 형식으로 주장을 전개해야 한다. 토론에서 추정의 원칙은 상대가 제기한 주장에 대해 반박하지 않을 경우 동의하는 것으로 간주한다. 그러므로 반론에서 상대의 주장을 빠짐없이 반박하는 것이 중요하다.

그러나 상대의 좋은 주장을 억지로 반박하는 것도 옳지 못한 태도다. 그러므로 상대의 좋은 주장은 인정하고 동의할 수 없는 주장은 확실하게 반박을 시도하는 전략이 필요하다. 토론의 반론에서 전개할 수 있는 직접 반박의 방식은 네 가지로 제시할 수 있다.

첫째, 완전 찬성의 형식이다. 이는 상대의 좋은 주장을 인정하는 방법으로 억지로 반박을 시도하는 것보다 훌륭한 태도다. 둘째, 부분 찬성의 형식이다. 일정 부분은 반대하지만 대체로 상대의 의견에 동의하는 방법이다. 상대의 의견에 대부분 동의하지만, 어느 부분에 대해서는 반박의 여지가 있음을 지적하는 것이다. 셋째, 부분 반대의 형식이다. 일정 부분 동의하지만 대체로 상대의 주장에 반대하는 방법이다. 넷째, 완전 반대의 형식이다. 모든 의견에 대해 동의할 수 없으므로 전면적으로 반박을 진행하는 방법이다.

*사회적 거리두기는 코로나19를 예방할 수 있다.	
완전 찬성	사회적 거리두기는 코로나19를 예방할 수 있다.
부분 찬성(관련성)	바이러스가 없는 상황에서 코로나19를 예방할 수 있다는 것에 일부 동의한다. 그러나 이미 바이러스에 감염된 환경에서 사회적 거리두기의 의미가 없다.
부분 찬성(영향력)	사회적 거리두기는 2m 간격 두기인데, 미국 MIT대학 실험 결과 재채기 침방울은 최고 8.2m까지 날아가는 것으로 밝혀졌다.
부분 찬성(해결 가능성)	생업에 종사하는 많은 사람들의 경우 2m 간격을 유지하기가 현실적으로 어렵다.

*돼지 족발은 피부 건강에 좋다.

완전 반대	사실이 아니다. 돼지 족발의 콜라겐은 입자가 커서 피부에 흡수되지 않고 위장에서 분해된다.
부분 반대(항상성)	돼지 족발은 단백질 성분이기 때문에 피부에 간접적으로 도움이 될 수 있다. 그러나 돼지 족발의 콜라겐은 입자가 커서 피부에 바로 흡수되지 않고 위장에서 분해된다.
부분 반대(예외성)	돼지 족발을 먹고 피부가 좋아졌다는 사람들이 있는 것은 사실이다. 그러나 일반적으로 돼지 족발의 콜라겐은 입자가 커서 피부에 바로 흡수되지 않는다.

　　반론에서 반박을 전개하는 방법은 '안내＋주장＋근거＋증거'의 방식을 따를 수 있다. 안내는 상대의 주장에 대해 "동의한다" 혹은 "동의하지 않는다"를 밝혀주는 것이고, 주장은 반박의 주장을 밝히는 것이다. 근거는 반박 주장의 이유, 증거는 구체적인 자료를 제시하는 것이다. 이러한 구조는 입론의 논증 구조와 동일하다. 그러나 주장 전체가 아닌 부분적으로, 혹은 다른 관점에서 다양하게 제시될 수 있다는 점에서 전개의 폭이 훨씬 넓다고 할 수 있다.

안내	찬성 측이 주장한 일본 제품 불매운동이 일본 경제에 부정적인 영향을 미칠 수 있다는 것은 사실이다.
주장	그러나 일본 경제에만 영향을 미치는 것이 아니다.
근거	왜냐하면 일본 제품의 국내 유통, 판매에 종사하는 사람은 우리 국민이기 때문이다.
증거	실제로 일본 수입물품을 주로 취급하는 국내 자영업자의 경우 매출 감소로 인해 어려움을 겪고 있다.

7) 최종발언의 전개 방식

I say	저는 정시 전형 확대가 수능과 내신 사교육을 조장할 수 있다는 문제를 들어 반대 의견을 밝혔습니다.
You say	이에 반대 측은 대입 정시 모집 확대가 수시 전형의 불공정성을 개선할 수 있다고 주장했습니다.
But	그러나 학종이 아예 없어지는 것이 아니라면 정시 모집 확대로 불공정성을 본질적으로 개선할 수 있는지 의문입니다.
Because	왜냐하면 줄어든 학종 전형 비율은 더 은밀한 정보 독점으로 더욱 폐쇄적인 '그들만의 리그'가 될 수 있기 때문입니다.
Therefore	그러므로 저는 학종을 폐지하는 등 수시 전형 자체에 대한 대폭적인 변화 없이 단순히 정시 모집 비중을 확대하는 것은 불공정성 해결에 도움이 되지 않는다고 생각합니다.

토론의 최종발언은 지금까지 자신이 속해 있던 입장의 내용을 정리하고, 자신의 주장에 대한 상대의 반론을 요약한 후 여전히 토론자의 주장이 유효함을 의미 있게 주장해야 한다. 토론의 최종발언 역시 새로운 주장은 할 수 없으나 상대의 주장에 대해 마지막으로 반박을 시도할 기회가 주어진다.

최종발언은 토론 내용의 요약과 수사적 기법을 활용한 효과적인 마무리로 구분할 수 있다. 토론 내용의 요약은 지금까지 전개된 토론 내용을 요약하며 마지막 반박을 시도하는 것으로, 'I say + You say + But + Because + Therefore' 방식의 전개를 활용할 수 있다. 먼저 'I say'는 지금까지 토론자가 주장한 핵심을 간략하게 전하는 것이고, 'You say'는 토론자의 주장에 대해 상대 토론자가 어떤 주장으로 반박했는지를 설명하는 것이다. 'But'은 상대 토론자의 반박에도 불구하고 토론자가 반박의 내용을 수용할 수 없는 이유다. 마지막 반박에 해당하는 부분이다.

'Because'는 반박을 수용할 수 없는 구체적인 이유에 대해 제시하는 부분이다. 마지막으로 'Therefore'는 지금까지의 내용을 통합해 여전히 토론자의 의견이 상대 토론자의 의견보다 의미 있는 주장임을 제시하는 부분이다.

토론에서 전개된 내용의 요약이 끝나면 수사적 기법을 활용해 효과적인 마무리를 할 수 있다. 토론은 논리적인 오류를 최소화하고 상대의 허점을 발견하는 과정이지만, 최종발언의 마무리는 감정적 설득이 허용된다. 수사적 기법은 의도하는 효과를 거두기 위해 언어 표현을 다듬는 것을 의미한다. 이 과정에서 감정에 호소하는 표현이 허용될 수 있는데 효과적인 마무리를 위해 공포나 유머, 따스함, 동정심, 죄의식 등 다양한 감정에 소구할 수 있다.

8) 토론의 평가

(1) 툴민의 논증 모형을 적용하도록 제시한 평가

평가 기준	점수
찬성 입론, 반대 반론, 찬성 최종발언의 모든 요소를 정확하게 갖추었으며, 찬성 입론과 반대 반론의 주장 전개가 직접적 반박 형식으로 논리적입니다. 또한 툴민의 논증을 모두(2차 증거, 강도 조절, 한계 설정) 활용하여 논증을 구성했으며, 증거 자료의 양과 질이 타당합니다.	
찬성 입론, 반대 반론, 찬성 최종발언의 모든 요소를 정확하게 갖추었으며, 찬성 입론과 반대 반론의 주장 전개가 직접적 반박 형식으로 논리적입니다. 또한 툴민의 논증을 일부(2개 이상) 활용해 논증을 구성했으며, 증거 자료의 양과 질이 타당합니다.	
찬성 입론, 반대 반론, 찬성 최종발언의 모든 요소를 정확하게 갖추었으며, 찬성 입론과 반대 반론의 주장 전개가 직접적 반박 형식으로 논리적이고 증거의 양과 질이 타당합니다.	

평가 기준	점수
찬성 입론, 반대 반론, 찬성 최종발언의 모든 요소를 정확하게 갖추었으나, 주장의 쟁점 형성이나 증거 자료의 양과 질이 조금 부족합니다. 그러나 툴민의 논증을 모두 활용해 논증을 구성했습니다.	
찬성 입론, 반대 반론, 찬성 최종발언의 모든 요소를 정확하게 갖추었으나, 주장의 쟁점 형성이나 증거 자료의 양과 질이 조금 부족합니다. 그러나 툴민의 논증을 일부 활용해 논증을 구성했습니다.	
찬성 입론, 반대 반론, 찬성 최종발언의 모든 요소를 정확하게 갖추었으나, 주장의 쟁점 형성이나 증거 자료의 양과 질이 조금 부족합니다.	
찬성 입론, 반대 반론, 찬성 최종발언의 대부분 요소를 갖추었으며, 찬성 입론과 반대 반론의 주장 전개가 직접적 반박 형식으로 논리적입니다. 또한 툴민의 논증을 모두 활용하여 논증을 구성했으며, 증거 자료의 양과 질이 타당합니다.	
찬성 입론, 반대 반론, 찬성 최종발언의 대부분 요소를 갖추었으며, 찬성 입론과 반대 반론의 주장 전개가 직접적 반박 형식으로 논리적입니다. 또한 툴민의 논증을 일부 활용하여 논증을 구성했으며, 증거 자료의 양과 질이 타당합니다.	
찬성 입론, 반대 반론, 찬성 최종발언의 대부분 요소를 갖추었으며, 찬성 입론과 반대 반론의 주장 전개가 직접적 반박 형식으로 논리적이고 증거 자료의 양과 질이 타당합니다.	
찬성 입론, 반대 반론, 찬성 최종발언의 대부분 요소를 갖추었으나, 주장의 쟁점 형성이나 증거 자료의 양과 질이 조금 부족합니다. 그러나 툴민의 논증을 모두 활용해 논증을 구성했습니다.	
찬성 입론, 반대 반론, 찬성 최종발언의 대부분 요소를 갖추었으나, 주장의 쟁점 형성이나 증거 자료의 양과 질이 조금 부족합니다. 그러나 툴민의 논증을 일부 활용해 논증을 구성했습니다.	
찬성 입론, 반대 반론, 찬성 최종발언의 대부분 요소를 갖추었으나, 주장의 쟁점 형성이나 증거 자료의 양과 질이 조금 부족합니다.	
찬성 입론, 반대 반론, 찬성 최종발언의 절반 이상 요소를 갖추었으나, 주장의 쟁점 형성이나 증거 자료의 양과 질이 조금 부족합니다. 그러나 툴민의 논증을 모두 활용해 논증을 구성했습니다.	
찬성 입론, 반대 반론, 찬성 최종발언의 절반 이상 요소를 갖추었으나, 주장의 쟁점 형성이나 증거 자료의 양과 질이 조금 부족합니다. 그러나 툴민의 논증을 일부 활용해 논증을 구성했습니다.	

평가 기준	점수
찬성 입론, 반대 반론, 찬성 최종발언의 절반 이상 요소를 갖추었으나, 주장의 쟁점 형성이나 증거 자료의 양과 질이 조금 부족합니다.	
찬성 입론, 반대 반론, 찬성 최종발언의 요소를 갖추지 않았으며, 내용 전개가 부족합니다.	

(2) 토론 참여자에 대한 개별적 평가

긍정	이름	내용(4점)	전달력(4점)	태도(2점)	총점(10점)
1번					
2번					
3번					
4번					
부정	이름	내용(4점)	전달력(4점)	태도(2점)	총점(10점)
1번					
2번					
3번					
4번					

* 토론의 내용 흐름과 총평을 별도로 작성하도록 함.

(3) 진행 과정과 호감도를 반영한 평가

구분	평가 항목	찬성	반대
입론	배경 설명과 문제 제기가 적절한가?		
	용어 정의가 적절한가?(반대: 용어 정의에 대한 대응이 적절한가?)		
	논제에 대한 첫 번째 근거와 증거 제시가 적절한가?		
	논제에 대한 두 번째 근거와 증거 제시가 적절한가?		
	논제에 대한 세 번째 근거와 증거 제시가 적절한가?		
	입론의 마무리 발언이 적절한가?		
반론	상대의 주장 요약과 반박 내용 안내가 적절했는가?		
	상대의 첫 번째 주장에 대한 반박이 적절했는가?		
	상대의 두 번째 주장에 대한 반박이 적절했는가?		
	상대의 세 번째 주장에 대한 반박이 적절했는가?		
	반론의 마무리 발언이 적절했는가?		
질의	상대의 발언에 입각한 질문인가?		
	질문들은 일정한 결론에 도달하는가?		
최종 발언	상대의 주장 내용을 요약해서 적절히 제시했는가?		
	자신의 주장과 반론 내용을 요약해서 적절히 제시했는가?		
	상대 주장의 부당성과 자기 주장의 타당성을 최종적으로 밝혔는가?		
	효과적인 마무리가 적절했는가?		
호감도	좋은 토론을 펼쳤는가?		

2

실전
토론

논제: 미성년 연예인의 선정적 언행을 금지해야 한다.

(1) 찬성 입론

① 사회적 배경: 논제의 맥락 제시

2018년 여성가족부의 청소년 연예인 성 보호 실태 조사에 따르면 12%의 청소년 연예인이 과도한 노출을 경험했으며, 9%는 포옹이나 키스 등의 선정적인 행위를 경험했다고 합니다. 현재 연예인의 데뷔 연령은 점점 낮아지고 있는 추세입니다. 저희 찬성 측은 더 늦기 전에 미성년 연예인의 선정적 경험과 행위에 대한 적절한 사회적 합의가 필요하다고 생각합니다.

② 주요 용어 정의: 논제에 등장하는 개념을 모두 정의

먼저 토론에서 쓰일 논제의 주요 용어를 정의하겠습니다. 찬성 측은 '미성년 연예인'에 대해 "연예활동을 하는 이들 중 만 19세가 되지 않은 자"를 뜻하는 의미로 사용하겠습니다. 또한 '선정적인 언행'은 성욕을 자극하는 모든 말과 행동을, '금지해야 한다'는 전파를 타는 일이 없어야 한다는 의미로 정의한 후 토론에서 사용하고자 합니다. 그러므로 만 19세 미만의 연예인이 말과 행동으로 성적인 매력을 드러내는 것은 전파로 내보내지 말아야 한다는 것이 찬성 측의 주장입니다.

③ 찬성 측 주장 안내

저희 찬성 측은 당사자들의 실제 피해가 발생한다는 점, 현행법 위반이라는 점을 들어 미성년 연예인의 선정적 언행은 금지되어야 한다는 입론을 진행하고자 합니다.

④ 찬성 주요 주장 1: 툴민의 논증 모형 일부 적용

미성년 연예인의 선정적 언행을 금지해야 한다는 논제에 대한 찬성 측의 첫 번째 주장은 실제로 당사자들의 피해가 발생하고 있다는 것입니다. 걸그룹 출신의 A는 활동 당시 소속사의 노출 요구로 인해 심한 스트레스를 받았고 결국 정신과 치료를 받고 있다고 합니다. 또한 청소년심리학자 이성철 박사에 따르면, 미성년 상태의 이들을 성적 대상으로 보는 것은 이들이 성인이 되어도 수치심과 죄책감을 느끼게 할 것이라고 주장합니다. 활동이 끝나도 고통은 사라지지 않는 것입니다. 물론 이것은 일부 사례이기에 일반화할 수 없지만, 개인에게 심각한 후유증을 남길 수 있기에 간과할 수 없는 문제입니다.

⑤ 찬성 주요 주장 2

미성년 연예인의 선정적인 언행을 금지해야 하는 두 번째 이유는 미성년 연예인근로자 보호 등에 관한 법률안에 저촉될 가능성이 크기 때문입니다. 관련 법률에 따르면 미성년자의 연예 활동은 1일 7시간, 1주 40시간으로 제한돼 있습니다. 또한 미성년 연예인의 근로권, 학습권과 함께 건강권을 보장하고 있는데, 선정적인 언행으로 청소년 연예인의 정신적·육체적 피해가 발생한다면 건강권이 침해되어 법률에 위배됩니다. 물론 대부분의 기획사는 활동 시간을 잘 지키고 있지만, 정신적 스트레스로 건강권이 침해될 요지는 분명합니다.

⑥ 주장 정리 + 효과적인 마무리

저희 찬성 측은 청소년 연예인의 실제 피해 사례와 현행법 위반의 가능성을 들어 미성년 연예인의 선정적인 언행을 금지해야 한다고 주장했습니다. 성적인 문제는 인간의 존엄성에 대한 문제로 한 번 상처받으면 영원히 치유가 되지 않는 경우가 많습니다. 공공재인 전파를 통해 누군가가 그런 이유로 상처를 받는다면 우리는 법을 통해서라도 그들을 보호해야 한다고 주장하는 바입니다. 이상으로 찬성 측 입론을 마칩니다.

(2) 반대 교차조사

① 실태 조사 대표성에 관한 질문

"2018년 조사에서 미성년 연예인의 12%가 과도한 노출을, 9%가 선정적 행위를 경험했다는 수치는 일부 사례에 국한된 결과일 수 있습니다. 이 수치가 전체 미성년 연예인의 실태를 대표한다고 보시는 근거는 무엇입니까?"

② 개별 피해 사례 일반화 문제

"걸그룹 출신 A 씨의 사례를 들어 미성년 연예인의 피해를 주장하고 계십니다. 그러나 단일 사례가 전체 미성년 연예인의 경험을 일반화하는 데 적절한 근거라고 보실 수 있습니까? 다른 대표적 사례와 비교할 수 있는 데이터는 있습니까?"

③ 전문가 의견의 다양성에 대한 질문

"청소년심리학자 이성철 박사의 주장을 근거로 들고 계시는데, 동일한 주제에 대해 다른 전문가들은 어떠한 견해를 제시하고 있습니까? 이와 관련하여 상반된 연구 결과나 의견이 있다면, 이를 어떻게 해석하십니까?"

④ 법률 보호 체계와의 중복 문제
"미성년연예인근로자 보호 법률이 이미 존재하는 상황에서, 현행 법률이 미성년 연예인의 근로권, 학습권, 건강권을 보호하는 데 충분하지 않다고 판단하는 구체적인 법리적 근거나 사례는 무엇입니까?"

⑤ 표현의 자유와 자율성 침해 우려
"미성년 연예인의 선정적 언행을 전면 금지하는 것이 오히려 이들의 창의적 표현과 자율성을 과도하게 제한할 위험이 있다는 반대 측 주장에 대해 찬성 측에서는 어떻게 균형을 맞출 수 있다고 보십니까?"

(3) 반대 입론

① 사회적 배경
미성년 연예인의 선정적 언행을 금지해야 한다는 논의는 일부 피해 사례에 근거를 두고 있으나, 오늘날 사회는 표현의 다양성과 개인의 자율성을 중시하는 방향으로 나아가고 있습니다. 실제로 연예 활동은 창의적 표현의 한 형태이며, 미성년자 역시 스스로의 의견과 개성을 표현할 권리가 있습니다. 또한, 현행 산업 내 보호 장치와 부모 및 관계 기관의 관리 체계가 개선됨에 따라, 과도한 금지가 오히려 발전 가능성을 저해할 수 있다는 우려를 제기할 수 있습니다.

② 반대 측 주장 안내
반대 측은 미성년 연예인의 선정적 언행을 전면 금지하는 조치가 오히려 창의적 표현의 자유를 침해하며, 현존하는 보호 체계와 관리 감독을 강화하는

방식으로 문제를 해결하는 것이 바람직하다고 주장합니다. 찬성 측의 주장에 제시된 피해 사례와 법률적 보호 문제의 근본적인 원인은 산업 내 권력 남용이나 과도한 상업적 압박에 있으며, 이를 개선하는 것이 우선되어야 한다고 반박합니다.

③ 반대 주요 주장 1: 피해 사례에 대한 재해석

찬성 측은 일부 미성년 연예인의 피해 사례를 근거로 선정적 언행이 심각한 정신적 후유증을 남긴다고 주장했지만, 개별 사례가 전체 미성년 연예인의 경험을 대표한다고 보기는 어렵습니다. 피해 사례는 종종 기획사나 관리 체계의 문제에서 비롯된 것으로, 문제의 근본 원인은 미성년자 스스로의 표현이 아니라, 외부의 과도한 요구와 산업 구조의 문제에 기인합니다. 미성년 연예인 스스로도 자신의 이미지를 관리하고 표현하는 과정에서 일정 수준의 자율성과 판단을 발휘하고 있으며, 이들을 단순히 보호 대상으로만 취급하는 것은 성숙한 사회가 지향해야 할 자율성과 표현의 자유를 과도하게 제한하는 결과를 초래할 수 있습니다.

④ 반대 주요 주장 2: 법률 보호와 표현의 자유의 균형 문제

찬성 측은 미성년연예인근로자 보호 법률과의 충돌을 들어 선정적 언행이 금지되어야 한다고 주장합니다. 현행법은 미성년 연예인의 근로, 학습, 건강권을 보호하기 위해 마련되었으나, 이는 과도한 금지를 의미하지 않습니다. 오히려, 법률은 보호와 동시에 자율적인 예술 활동을 보장할 수 있도록 해석되어야 합니다. 선정적 언행의 금지 조치가 일률적으로 적용될 경우, 미성년 연예인의 창의적 표현과 개성 발현이 억압될 위험이 있으며, 이는 장기적으로 개인의 성장과 문화산업 발전에 부정적 영향을 미칠 수 있습니다. 법적 보호와 함께 더욱 세밀한 관리와 지원 체계를 마련하여 미성년 연예인이 건전한 환경에서 활동할 수 있도록 하는 것이 바람직하며, 단순한 전면 금지는 해결책이 될 수 없습니다.

⑤ 주장 정리 및 효과적인 마무리

반대 측은 미성년 연예인의 선정적 언행을 전면 금지하는 조치는 일부 피해 사례를 근거로 한 과도한 일반화이며, 표현의 자유와 개인의 자율성을 심각하게 침해할 우려가 있다고 주장합니다.

산업 내 권력 남용과 과도한 상업적 압박을 근본적으로 개선하는 동시에, 현행 보호 체계를 보완하는 방식으로 미성년 연예인의 건강과 자율성을 함께 보장할 수 있어야 합니다. 우리 사회는 미성년자도 한 인간으로서 자신의 목소리를 내고 예술적 창작활동을 할 권리가 있음을 인정해야 하며, 이를 통해 더욱 성숙하고 창의적인 문화가 형성될 것입니다. 따라서 미성년 연예인의 선정적 언행에 대해 전면 금지하기보다는 더욱 세밀한 감독과 지원, 그리고 산업 구조의 개선을 통해 보호와 자율성의 균형을 이루는 방향으로 나아가야 합니다. 이상으로 반대 측의 입론을 마칩니다.

(4) 찬성 교차조사

① 피해 사례의 대표성 문제

"반대 측은 일부 피해 사례가 전체 미성년 연예인을 대표하지 않는다고 주장하셨습니다. 그렇다면, 피해 사례의 중대성을 부정할 수 없다는 점에 대해 어떻게 설명하십니까? 피해의 심각성이 전체 현상을 평가하는 데 무시되어서는 안 된다고 보지 않으십니까?"

② 미성년자의 자율성 및 판단 능력

"반대 측은 미성년 연예인의 자율성과 표현의 자유를 강조하셨습니다. 그러나 미성년자의 경우, 아직 성숙한 판단 능력이 완전히 갖춰지지 않은 상황에서 성적 매력을 강조하는 표현이 장기적 심리적 피해를 유발할 위험이 크다는 점은 고려해야 하지 않겠습니까?"

③ 현행 보호 체계의 효과성
"현행 미성년연예인근로자 보호 법률이 이미 존재한다는 주장을 하셨는데, 실제로도 피해 사례가 발생하고 있는 상황에서 이 법률이 얼마나 효과적으로 보호하고 있는지에 대한 구체적인 증거는 무엇입니까?"

④ 산업 구조 문제와 보호의 우선순위
"반대 측은 산업 내 권력 남용이나 상업적 압박이 문제의 근본 원인이라고 주장하셨습니다. 그렇다면, 이러한 문제를 해결하지 않고 미성년 연예인을 보호하기 위한 법적 금지가 불필요하다고 보실 수 있습니까? 만약 보호 조치가 없다면 장기적으로 발생할 수 있는 피해에 대한 대책은 무엇입니까?"

⑤ 표현의 자유와 건강권의 균형
"반대 측은 미성년 연예인의 창의적 표현의 자유 보장을 주장하셨습니다. 그러나 미성년자의 건강권 및 정신적 안전이 침해될 위험을 감수하면서까지 자유로운 표현을 우선시해야 한다고 보시는지, 그렇다면 그 균형점을 어떻게 설정할 수 있다고 생각하십니까?"

⑥ 실제 피해 예방과 대안 마련 문제
"반대 측이 제시한 대안이 현행 보호 체계 보완을 통한 피해 예방이라는 점에서 현 보호 체계가 이미 충분한 보호를 제공한다는 구체적 자료나 사례가 있다면 제시해주실 수 있습니까? 그렇지 않다면, 왜 추가적인 금지 조치가 불필요하다고 보시는지 설명해주십시오."

(5) 찬성 반박

① 반대 입론 요약

반대 측은 두 가지 주된 논리를 전개합니다. 첫째, 개별 피해 사례가 전체 미성년 연예인의 경험을 일반화할 수 없으며, 문제의 근본 원인은 기획사와 산업 내 과도한 상업적 요구에 있다고 주장합니다. 둘째, 현행 보호 체계와 미성년자의 자율적 표현 권리를 감안할 때, 전면적인 금지 조치는 창의적 표현의 자유를 부당하게 제한하는 부작용을 초래할 수 있다고 주장합니다.

② 반박 주장 안내

찬성 측은 반대 측의 주장이 피해 사례의 대표성을 부정하고 보호 체계의 충분성을 강조하는 데 집중하지만, 이는 미성년 연예인이 겪는 심각한 정신적·육체적 후유증과 건강권 침해를 간과하는 오류라고 봅니다. 미성년자는 아직 판단력과 자율성이 완전히 성숙하지 않은 만큼 보호를 위한 최소한의 금지 조치는 필수이며, 이는 현행 보호 체계만으로는 해결되지 않는 문제라는 점을 주장합니다.

③ 반대 측 첫 번째 주장에 대한 반박

반대 측은 일부 피해 사례가 전체를 대표하지 않는다고 주장하지만, 찬성 측은 걸그룹 출신 A 씨의 사례와 청소년심리학자 이성철 박사의 증언이 시사하는 바와 같이, 미성년 연예인이 겪는 심리적 후유증은 단순한 개별 사례로 치부할 수 없는 중대한 문제임을 강조합니다. 일부 사례의 비대표성을 이유로 피해의 심각성을 축소하는 것은 위험한 선입견을 조장할 수 있습니다. 미성년 연예인의 경우, 한 번의 심리적 상처는 평생 지속될 수 있으며, 이러한 피해는 산업 전반에 걸친 구조적 문제와 맞물려 반복적으로 발생할 가능성이 있습니다. 따라서 피해 사례가 일부에 국한된 것으로 단정할 수 없으며, 예방 차원에서 금지 조치를 도입하는 것이 합리적입니다.

④ 반대 측 두 번째 주장에 대한 반박

반대 측은 현행 보호 체계와 자율적 표현을 근거로 금지 조치의 필요성을 부정하지만, 찬성 측은 미성년자의 건강권과 정신적 안전이 최우선적으로 보호되어야 한다는 점을 강조합니다. 현재의 보호 체계는 이미 피해가 발생하고 있는 현실에서 충분한 예방 효과를 발휘하지 못하고 있으며, 미성년자의 경우 성숙한 판단 능력이 미흡해 선정적 언행이 오히려 장기적 부작용을 초래할 위험이 큽니다. 미성년자의 자율적 표현을 보장하는 것은 중요하지만, 이는 성숙한 판단 능력에 기반한 것이어야 합니다. 미성년 연예인의 경우, 아직 완전히 성숙하지 못한 심리적·정신적 상태에서 지나친 성적 표현은 장기적인 건강 침해로 이어질 수 있으므로 보호를 위한 최소한의 금지 조치는 오히려 이들의 인권 보장을 위한 필수적인 조치입니다. 금지는 창의적 표현을 억압하기 위한 수단이 아니라, 미성년이라는 특수한 상황에서 건강권과 정신적 안녕을 확보하기 위한 안전장치로 이해되어야 합니다.

⑤ 찬성 반박 마무리

이와 같이, 찬성 측은 반대 측이 제시한 대표성 부정과 현행 보호 체계의 충분성을 주장하는 논리에 대해 피해의 심각성과 미성년자의 미성숙한 판단 능력, 그리고 반복적으로 발생할 수 있는 구조적 문제를 근거로 반박하며, 미성년 연예인의 선정적 언행 금지 조치가 필수임을 주장합니다.

(6) 반대 반박

① 찬성 반박 주장 요약

찬성 측은 미성년 연예인의 선정적 언행이 걸그룹 A 씨의 사례와 청소년 심리학자 이성철 박사의 증언을 통해 심각한 정신적 후유증과 건강 침해를 초래한다고 주장합니다. 또한, 미성년자의 미성숙한 판단력을 근거로 현행 보호 체계만으로는 부족하여 전면 금지 조치가 필요하다고 봅니다.

② 반대 반박 주장 안내

반대 측은 찬성 측의 주장이 일부 극단적 사례를 일반화하는 데 그친다고 주장합니다. 실제 피해의 대부분은 미성년 연예인 자체의 표현 때문이 아니라, 기획사 등 외부의 과도한 상업적 압박과 부당한 관리 체계에서 비롯된 문제이며, 올바른 감독과 지원 시스템을 통해 미성년 연예인의 건강한 성장과 창의적 표현을 보장할 수 있다고 반론합니다.

③ 찬성 첫 번째 반박에 대한 재반박

찬성 측은 걸그룹 A 씨의 사례와 이성철 박사의 의견을 들어 피해의 심각성을 주장하지만, 실제로 여러 연구와 현장 사례는 미성년 연예인들이 올바른 관리하에 활동할 경우 그러한 피해가 극히 예외적임을 보여줍니다. 일본에서는 미성년 연예인이 부모와 매니저의 긴밀한 감독하에 활동하면서, 자신을 표현하는 과정에서 오히려 긍정적인 자아정체감을 형성한 사례가 보고되었습니다. 이들은 '선정적 언행'이라는 표현이 단순히 외부의 부당한 요구에 의해 문제가 발생한 경우임을 시사합니다. 개별 사례를 전체 미성년 연예인의 경험으로 일반화하는 것은 위험합니다. 피해가 발생한 사례는 기획사의 과도한 요구나 부적절한 관리에서 비롯된 경우가 많으며, 이를 미성년자 개인의 표현 자체와 동일시하는 것은 문제의 본질을 흐릴 수 있습니다. 따라서 피해 사례의 대표성을 인정하기보다는 체계적 관리 개선을 통한 문제해결이 우선되어야 합니다.

④ 찬성 두 번째 반박에 대한 재반박

찬성 측은 미성년자의 미성숙함을 이유로 전면 금지 조치가 필요하다고 주장하지만, 미국과 유럽 일부 국가에서는 미성년 연예인에 대해 제한적 지침과 감독 체계를 마련하여 보호와 표현의 자유를 동시에 보장한 사례가 있습니다. 미국의 한 미성년 배우는 촬영 전 부모와 감독, 법률 자문단의 동의를 거치는 체계하에서 활동함으로써 선정적 표현으로 인한 피해 없이 건강하게 성장한 사례가 있습니다. 이 시스템은 미성년자의 창의적 표현을 억압하지 않으면서도 외부의 부당한 압박을 예방하는 효과를 보여줍니다. 전면 금지 조치는 미성년 연예인의 창의성과 예술적 자율성을 지나치게 제한할 위험이 있습니다. 보호가 필요하다면, 금지보다는 체계적인 감독 강화와 기획사의 책임 규명, 그리고 교육과 상담 프로그램을 통한 예방 조치가 더욱 효과적입니다. 이는 현행 보호 체계를 보완하는 방향으로, 피해 예방과 건강한 성장 모두를 도모할 수 있는 대안입니다.

⑤ 주장 정리 및 효과적인 마무리

반대 측은 찬성 측이 제시한 피해 사례와 미성년자의 미성숙함을 이유로 전면 금지를 주장하는 데 대해 해당 사례들이 기획사 및 관리 체계의 문제에서 비롯된 극단적 예외임을 강조합니다. 또한, 미국 및 유럽의 성공적인 감독 체계 사례를 통해 보호와 표현의 자유를 동시에 보장할 수 있음을 입증합니다. 따라서 미성년 연예인의 보호를 위해서는 전면 금지보다는 체계적 감독 강화와 기획사의 책임 추궁 등 근본적인 구조 개선이 우선되어야 하며, 과도한 금지 조치는 오히려 건강한 창의적 표현과 예술적 발전을 저해할 위험이 있음을 재차 주장합니다. 이상으로 반대 측의 반론을 마칩니다.

(7) 반대 최종발언

① I say

미성년 연예인의 보호는 중요하지만, 전면 금지 조치는 이들의 창의적 표현과 자율성을 부당하게 억압하는 결과를 초래합니다.

② You say

찬성 측은 미성년 연예인의 피해 사례와 미성숙한 판단력을 근거로 전면 금지를 주장하며, 이러한 조치가 필수라고 말합니다.

③ But

이러한 전면 금지 조치는 문제의 근본 원인을 간과합니다. 실제 피해의 다수는 미성년자 개인의 선택이 아니라, 기획사와 관리 체계의 부적절한 압박 및 감독 부족에서 비롯된 경우가 많습니다. 예를 들어, 미국 캘리포니아에서는 미성년 연예인들이 부모와 법률 전문가, 그리고 전문 심리 상담가의 엄격한 감독 아래 활동하며, 촬영 전후 정기적인 심리 검사와 건강 검진을 받도록 하는 제도가 마련되어 있습니다. 이 제도를 통해 다수의 미성년 연예인이 건강하게 창의적 활동을 이어가고 있음에도 불구하고 전면 금지 조치만을 내세우면 이러한 체계적 보호와 지원의 기회를 오히려 차단하게 됩니다.

④ Because

미국과 유럽의 여러 사례는 올바른 감독 체계와 기획사의 책임 강화, 그리고 종합적인 보호 프로그램을 통해 미성년 연예인이 창의성을 유지하면서도 안전하게 활동할 수 있음을 입증합니다. 예를 들어, 미국의 한 미성년 배우는 부모와 법률 자문단의 철저한 관리를 통해 촬영 중 부당한 요구 없이 자신을 표현할 수 있었으며, 영국 BBC에서는 미성년 연예인을 위한 보호 정책과 상담 프로그램을 통해 건강한 성장과 창의적 발현을 동시에 달성하고 있습니다. 이처럼 체계적인 감독과 지원이 마련된다면 전면 금지 없이도 미성년 연예인의 건강권과 창의적 자유를 효과적으로 보장할 수 있습니다.

⑤ Therefore

전면적인 금지보다는 체계적 감독과 개선된 지원 시스템을 도입하여 미성년 연예인을 보호하면서도 그들의 예술적 자율성과 창의성을 존중해야 합니다.

⑥ 감정적인 호소와 마무리

우리는 우리 아이들이 꿈을 펼치며 건강하게 성장할 수 있도록 그들의 목소리를 억누르기보다 지켜주어야 합니다. 과도한 규제로 인해 소중한 창의력이 억제된다면, 우리 사회의 미래는 결코 밝을 수 없습니다. 함께 더욱 따뜻하고 공정한 환경을 만들어 미성년 연예인이 안전하게 자신을 표현할 수 있는 길을 열어가야 합니다.

(8) 찬성 최종발언

① I say

미성년 연예인의 선정적 언행은 그들의 건강권과 정신적 안정을 심각하게 침해하며, 장기적인 후유증을 남길 수 있으므로 반드시 금지되어야 한다고 주장합니다.

② You say

반대 측은 미성년 연예인의 자율적 표현과 창의성을 강조하며, 보호 체계만 보완하면 충분하다고 말합니다.

③ But

그러나 이러한 주장은 미성년자들이 아직 성숙한 판단 능력을 갖추지 못해 지나친 성적 대상화와 선정적 언행으로 인해 지속적인 정신적 고통을 겪을 위험을 간과합니다.

④ Because

한국의 한 미성년 연예인 사례에서, 지나친 선정적 언행으로 인해 해당 연예인이 청소년 시절부터 심각한 정서적 상처와 자아정체성 혼란을 경험한 바 있습니다. 또한 청소년심리학자들의 연구 결과는 미성년 시절의 성적 대상화 경험이 성인이 되어서도 지속적인 심리적 부담과 후유증으로 이어질 가능성이 높음을 보여줍니다. 이러한 피해는 단순한 관리 체계 보완만으로는 해결될 수 없으며, 미성년이라는 특수한 상황에서 좀 더 근본적인 보호 조치가 요구됩니다.

⑤ Therefore

우리는 미성년 연예인의 선정적 언행을 법적으로 금지하여 이들의 건강과 정신적 안정을 보장해야 합니다. 이 조치는 단순히 표현의 자유를 억압하기 위한 것이 아니라, 미성년자들이 평생 지속될 수 있는 상처 없이 안전하게 성장할 수 있도록 하는 필수적인 보호 장치입니다.

⑥ 감정적인 호소와 마무리

우리 아이들은 미래의 희망이며, 그들의 마음은 사회 전체의 소중한 자산입니다. 그들이 불필요한 상처 없이 꿈을 펼치며 건강하게 성장할 수 있도록 지금 당장 미성년 연예인의 선정적 언행을 금지하는 조치를 단호히 추진해야 합니다. 아이들의 밝은 내일을 위해 우리 모두가 함께 그들의 안전과 존엄을 지켜내야 합니다.

3

토론
분석

학생들이 직접 작성한 토론문을 살펴보고 분석해봅시다. 또한 토론 평가 기준에 따라 평가를 진행해보고, 다른 사람의 평가와 비교해봅시다.

1) 논제 1: 전동 킥보드 면허 확인을 강화해야 한다

(1) 찬성 입론

① 사회적 배경

전동 킥보드는 최근 도심 내 이동 수단으로 급속히 확산되었으나, 그에 따른 안전사고도 꾸준히 증가하고 있습니다. 2021년 교통안전공단 자료에 따르면 전동 킥보드 관련 사고 건수가 전년 대비 20% 이상 증가했으며, 충남대학교 교통안전연구팀의 조사 결과에 의하면 전동 킥보드 사고의 약 68%가 무면허 또는 면허 미확인 운전자에 의해 발생한 것으로 나타났습니다. 이러한 통계는 우리 사회가 전동 킥보드의 안전 관리에 더욱 엄격한 기준을 적용할 필요가 있음을 시사합니다.

② 주요 용어 정의

먼저 전동 킥보드는 전기를 동력으로 하여 도심 내 개인 이동 수단으로 사용되는 소형 차량을 의미합니다. 또한 면허 확인을 강화해야 한다는 것은 전동 킥보드 운전자의 자격을 확인하기 위한 면허 및 교육 이수를 법적으로 의무화하고, 이를 엄격하게 점검·관리하는 조치를 의미합니다.

③ 찬성 측 주장 안내

저희 찬성 측은 무면허 운전과 미숙련 운전으로 인한 전동 킥보드 사고가 개인의 안전뿐만 아니라 타인에게까지 심각한 위해를 가하고 있음을 근거로 면허 확인 절차를 강화해야 한다고 주장합니다.

④ 찬성 주요 주장 1

전동 킥보드의 면허 확인을 강화해야 하는 이유는 안전사고를 예방하고 인명을 보호하기 위해서입니다. 2021년 교통안전공단 보고서에 따르면 전동 킥보드 사고의 상당수가 운전자의 미숙련 또는 무면허 운전과 직접 연관되어 있습니다. 실제로 서울시 종로구에서는 무면허 전동 킥보드 운전자가 보행자와 충돌해 중상을 입힌 사건이 발생했으며, 이 사건은 도로 이용자 전체의 안전에 심각한 위협이 되고 있음을 보여줍니다. 면허 확인 절차를 강화하면, 전동 킥보드를 이용하기 전에 일정 수준의 운전 능력과 안전 교육을 이수하도록 함으로써 무면허 및 미숙련 운전으로 인한 사고를 효과적으로 예방할 수 있습니다.

⑤ 찬성 주요 주장 2

전동 킥보드에 대한 법적 책임을 강화하고 사회적 신뢰를 구축하기 위해 면허 확인을 강화해야 합니다. 독일 연방교통부의 연구 결과에 따르면, 전동 킥보드 운전자에 대한 면허 확인 강화 후 사고 발생률이 약 30% 감소한 것으로 나타났습니다. 이처럼 선진국에서는 면허 확인 강화를 통해 전동 킥보드 관련 안전 문제가 개선된 사례가 있습니다. 법적 기준을 강화함으로써 기기 사용에 따른 책임의식을 높이고, 기획사 및 공유업체 등 관련 업계도 안전 관리에 더욱 힘쓰게 될 것입니다. 이는 결국 전동 킥보드를 이용하는 시민 사이에 신뢰를 구축하고, 안전한 도시 환경 조성에 기여할 것입니다.

⑥ 주장 정리 및 효과적인 마무리

요약하면, 전동 킥보드 무면허 및 미숙련 운전은 심각한 안전사고를 유발하며, 이로 인한 피해는 개인과 사회 전체에 큰 부담으로 작용하고 있습니다. 면허 확인 강화는 이러한 사고 예방과 인명 보호, 그리고 법적 책임 강화를 통해 안전한 이동 환경을 구축하는 데 필수적인 조치입니다. 우리 도시의 도로는 모두의 안전을 위한 공동의 자산입니다. 전동 킥보드를 이용하는 모든 시민이 올바른 교육을 받고 자격을 갖춘 상태에서 기기를 이용한다면, 우리 사회는 더욱 안전하고 신뢰할 수 있는 이동 환경을 만들 수 있습니다. 우리 아이들과 노년층, 보행자 모두가 안심하고 길을 누빌 수 있는 도시를 위해 면허 확인 강화를 통한 안전 조치가 반드시 필요합니다.

(2) 반대 반론

① 찬성 주장 요약

찬성 측은 전동 킥보드 사고의 다수가 무면허 및 미숙련 운전에 기인한다는 2021년 교통안전공단 보고서와 서울 종로구의 무면허 운전 사고 사례를 근거로 면허 확인 절차 강화가 안전사고 예방과 인명 보호에 필수라고 주장합니다. 또한, 독일 연구 사례를 들어 면허 확인 강화 후 사고 발생률이 약 30% 감소한 점을 언급하며, 법적 책임 강화와 사회적 신뢰 구축 측면에서도 긍정적 효과를 기대한다고 주장합니다.

② 반대 반론 안내

반대 측은 전동 킥보드 면허 확인 강화를 전면 의무화하는 조치가 시민의 자유로운 이동권을 지나치게 제한하고, 오히려 친환경 교통수단으로서의 전동 킥보드의 장점을 훼손할 우려가 있다고 봅니다. 또한, 사고 예방 및 안전 확보를 위해 반드시 면허 강화가 유일한 해법이 아니라는 점을 강조하며, 다른 효과적인 안전 대책 — 예를 들어 인프라 개선과 자발적 안전 교육 프로그램 도입 — 을 제시합니다.

③ 찬성 첫 번째 주장에 대한 반박

전면적인 면허 강화가 꼭 안전 문제의 최선의 해결책은 아닙니다. 오히려, 인프라 개선과 자발적 교육 프로그램 도입을 통해 사고 예방 효과를 얻을 수 있으며, 이로써 시민의 이동권도 보장할 수 있습니다. 네덜란드 암스테르담의 경우, 강제 면허 제도 대신 전용 주행로 확충, 안전 캠페인, 그리고 자발적 안전 교육 프로그램을 도입하여 사고율을 현저히 낮추었습니다. 암스테르담 교통당국의 보고서에 따르면, 이러한 종합 안전 대책을 통해 전동 킥보드 관련 사고가 25% 이상 감소한 사례가 있습니다. 또한 네덜란드 교통연구소의 연구에서는 면허 의무화보다 인프라 개선과 안전 교육이 사용자 안전에 더 큰 영향을 미친다는 결과가 도출되었습니다.

④ 찬성 두 번째 주장에 대한 반박

법적 책임을 강화하려는 취지는 이해하지만, 과도한 규제가 오히려 전동 킥보드의 접근성과 편리성을 떨어뜨려 전체적인 사회적 혜택을 감소시킬 위험이 있습니다. 따라서 법적 책임과 사회적 신뢰는 더욱 균형 잡힌 감독 체계와 인프라 개선을 통해 달성하는 것이 바람직합니다. 미국 로스앤젤레스와 샌프란시스코 등 일부 도시에서는 엄격한 면허 요건 도입 후 전동 킥보드 이용률이 급감하면서 오히려 대중교통과 도보, 자전거 이용이 증가하는 부작용이 나타난 사례가 있습니다. 이로 인해 교통 혼잡 및 환경 개선 효과가 저해된 것으로 분석됩니다. 또한 *Journal of Urban Mobility*에 발표된 한 연구에서는 강제 면허 제도가 도입된 지역에서 사용자 만족도가 평균 20% 하락한 결과가 보고되었으며, 이는 과도한 규제가 시민의 자유로운 이동을 제한함을 시사합니다.

⑤ 주장 요약과 마무리

반대 측은 찬성 측의 무면허 운전과 미숙련 운전에 따른 사고 예방을 위한 면허 확인 강화 주장이 일부 긍정적 효과를 보여줄 수 있다는 점은 인정합니다. 그러나 강제 면허 제도가 가져올 시민 이동권 제한, 이용률 감소, 행정 부담 증가 등의 부작용, 네덜란드나 미국 등 다른 선진 도시에서 인프라 개선과 자발적 안전 교육을 통해 효과적으로 사고를 줄인 사례를 종합할 때, 전면적인 면허 확인 강화를 유일한 대책으로 채택하는 것은 바람직하지 않습니다.

우리 도시는 혁신적 이동수단의 자유로운 이용과 환경 친화적 교통 체계 구축의 모범이 되어야 합니다. 시민이 부담 없이 전동 킥보드를 이용할 수 있도록 하면서도 효과적인 안전 대책을 마련하는 균형 잡힌 접근이 필요합니다. 과도한 규제는 도시의 활력을 저해할 수 있으므로 체계적인 인프라 개선과 자발적 교육 프로그램 등 다각적인 안전 대책을 통해 전동 킥보드의 긍정적 효과를 극대화하는 것이 진정한 해결책임을 강조하며 반대 측 최종 입장을 마칩니다.

(3) 찬성 최종발언

① I say

전동 킥보드 면허 확인 강화를 통해 시민의 안전과 인명 보호를 반드시 확보해야 합니다.

② You say

반대 측은 면허 강화가 시민의 자유로운 이동권을 제한하고, 자발적 안전 교육과 인프라 개선 등 대안적 안전 조치로 충분하다고 주장합니다.

③ But

그러나 무면허 및 미숙련 운전으로 인한 사고 발생률이 높으며, 실제로 2021년 교통안전공단 자료와 서울 종로구의 심각한 무면허 운전 사고 사례가 이를 명확히 보여줍니다.

④ Because

교통안전공단의 2021년 보고서에 따르면 전동 킥보드 사고의 약 68%가 무면허 또는 면허 미확인 운전자에 의해 발생했습니다. 또한 서울 종로구에서 발생한 무면허 전동 킥보드 운전 사고는 보행자에게 중상을 입혔으며, 이로 인해 긴급 의료 지원과 사회적 비용이 증가했습니다. 독일 연방교통부의 연구 역시 면허 확인 강화 후 전동 킥보드 관련 사고 발생률이 약 30% 감소한 사례를 입증함으로써 엄격한 면허 제도의 효과를 보여주고 있습니다.

⑤ Therefore

전동 킥보드의 안전 문제를 해결하기 위해 면허 확인 강화를 의무화하는 것이 필수입니다. 이는 단순히 통계상의 문제가 아니라, 우리 도로 위의 생명과 직결된 문제이므로 시민의 안전을 최우선으로 보장하는 조치여야 합니다.

⑥ 감정적 호소와 마무리

우리 모두의 가족, 친구, 이웃의 안전을 위해, 그리고 미래 세대가 안전한 도시 환경에서 자랄 수 있도록 우리는 오늘 당장의 결단을 내려야 합니다. 전동 킥보드는 우리 일상에 편리함을 가져다주지만, 그 편리함이 생명의 위협으로 이어져서는 안 됩니다. 시민 한 사람 한 사람의 안전이 우리의 소중한 미래이기에 면허 확인 강화라는 확실한 조치로 모두가 안심하고 길을 누빌 수 있는 도시를 만들어갑시다.

(4) 토론 평가

구분	평가 항목	찬성	반대
입론	배경 설명과 문제 제기가 적절한가?		
	용어 정의가 적절한가?(반대: 용어 정의에 대한 대응이 적절한가?)		
	논제에 대한 첫 번째 근거와 증거 제시가 적절한가?		
	논제에 대한 두 번째 근거와 증거 제시가 적절한가?		
	논제에 대한 세 번째 근거와 증거 제시가 적절한가?		
	입론의 마무리 발언이 적절한가?		
반론	상대의 주장 요약과 반박 내용 안내가 적절했는가?		
	상대의 첫 번째 주장에 대한 반박이 적절했는가?		
	상대의 두 번째 주장에 대한 반박이 적절했는가?		
	상대의 세 번째 주장에 대한 반박이 적절했는가?		
	반론의 마무리 발언이 적절했는가?		
질의	상대의 발언에 입각한 질문인가?		
	질문들은 일정한 결론에 도달하는가?		
최종 발언	상대의 주장 내용을 요약해서 적절히 제시했는가?		
	자신의 주장과 반론 내용을 요약해서 적절히 제시했는가?		
	상대 주장의 부당성과 자기 주장의 타당성을 최종적으로 밝혔는가?		
	효과적인 마무리가 적절했는가?		
호감도	좋은 토론을 펼쳤는가?		

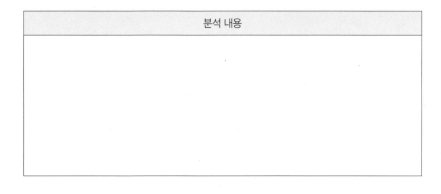

분석 내용

2) 논제 2: 전 국민 고용보험을 도입해야 한다

(1) 찬성 입론

① 사회적 배경

고용보험은 예기치 못한 실업의 상황에서 실업급여를 통해 경제적 어려움을 일부 해소시켜주고 다시 재취업의 기회를 제공합니다. 그러나 고용보험에 가입되지 않은 특수직종, 한시적 고용 등의 근로자는 실업 상태에 대한 대비가 부족한 상황입니다. 따라서 저희 찬성 측은 전 국민 고용보험의 확대를 위한 사회적 합의가 필요하다고 생각합니다.

② 주요 용어 정의

먼저 고용보험은 근로자가 실직한 경우에 생활안정을 위해 일정 기간 동안 급여를 지급하는 실업급여사업과 재취업의 촉진과 실업예방을 위해 고용안정사업 및 직업능력개발사업을 시행하는 사회보험입니다. 이를 바탕으로 "전 국민 고용보험을 도입해야 한다"는 것은 기존의 임금근로자뿐만 아니라 자영업자, 특수고용직, 한시적 고용자 모두 의무가입을 추진해야 한다는 것을 의미합니다.

③ 찬성 측 주장 안내

저희 찬성 측은 특수고용직 삶의 안정화에 기여할 수 있다는 점, 기금의 축적으로 노동의 질이 향상된다는 점을 들어 전 국민 고용보험 도입을 주장하고자 합니다.

④ 찬성 주요 주장 1

전 국민 고용보험을 도입해야 하는 첫 번째 이유는 특수고용직의 근무 환경을 안정화할 수 있기 때문입니다. 특수고용직에 고용보험을 제공하면 실직 시 경제적 안전망과 체계적인 재취업 지원을 제공하여 이들의 고용 안정성을 강화할 수 있습니다. 예를 들어, 덴마크는 고용시장의 유연성과 안정성을 동시에 달성하는 '플렉시큐리티(flexicurity)' 모델을 운영하고 있습니다. 이 모델 하에서는 특수고용근로자들도 고용보험 가입을 통해 실직 시 안정적인 소득 보장을 받고, 동시에 광범위한 재교육 및 취업 지원 프로그램을 제공받음으로써 고용 안정성이 크게 향상됩니다. 덴마크의 사례는 고용보험 가입이 다양한 고용 형태의 근로자에게 실질적인 보호와 전환 지원을 제공하여 노동시장의 질을 높일 수 있음을 보여줍니다.

⑤ 찬성 주요 주장 2

전 국민 고용보험 가입으로 기금이 증가하면 노동의 질이 향상될 수 있습니다. 고용보험 기금이 증가하면 고용보험 재정 안정성이 강화됩니다. 재정의 충분한 확보는 장기적으로 구조적 실업 해소에 기여할 수 있습니다. 또한 고용보험 기금이 늘어날 경우, 실업자들을 위한 재훈련 및 직업 전환 프로그램에 대한 투자가 증가하게 됩니다. 이는 노동자들이 새로운 분야로 빠르게 이동할 수 있도록 도와 노동시장의 유연성과 품질을 높입니다.

⑥ 주장 정리 + 효과적인 마무리

저희 찬성 측은 전 국민이 고용보험에 가입하면 특히 특수고용직에 종사하는 근로자의 근무 안정성을 꾀할 수 있고, 전체 기금의 증가는 실업의 해소와 직업 훈련의 제공으로 전체 노동시장의 질을 향상시킬 수 있다는 주장을 제시했습니다. 이상으로 찬성 측 입론을 마칩니다.

(2) 반대 반론

① 찬성 측 주장 정리

찬성 측은 고용 사각지대에 있는 특수고용직의 안정과 근로시장의 질을 향상시킬 수 있다는 이유로 전 국민 고용보험 도입을 주장했습니다. 물론 찬성 측의 주장대로 특수고용직의 안정적인 근로 환경은 중요한 문제입니다.

② 반대 측 주장 안내

그러나 찬성 측이 제기한 특수고용직의 안정을 보장하는 것이 장기적으로 더욱 부담될 수 있다는 점과 의욕저하 및 편법이 발생할 가능성이 크다는 점을 들어 반론을 진행하도록 하겠습니다.

③ 반론 주요 주장 1

특수고용직의 근무 환경 안정성이 고용보험 가입만으로 확보될 수 있다는 주장은 한계가 있습니다. 특수고용직 근로자의 불안정한 고용 조건과 임금 격차 등 구조적 문제가 존재하며, 이는 고용보험 가입 외에도 근로계약의 개선, 임금 보장 제도 등 다각적인 정책 접근이 필요합니다. 덴마크의 플렉시큐리티 모델은 높은 사회복지 수준, 강력한 노조 및 포괄적인 경제·사회 정책이 결합된 결과로서, 단순히 고용보험 가입 확대만으로 동일한 효과를 보장할 수 없다는 점이 있습니다.

④ 반론 주요 주장 2

고용보험 기금의 증가가 노동의 질 향상으로 직결된다는 주장 역시 몇 가지 문제점을 내포하고 있습니다. 기금의 증대가 효과적으로 노동시장 개선에 기여하려면, 기금 운용의 효율성과 정책 집행의 투명성이 확보되어야 하며, 단순한 재정 확충만으로는 구조적 실업 문제나 직업 전환 프로그램의 질적 향상을 보장할 수 없습니다. 재훈련 및 직업 전환 프로그램에 대한 투자 확대가 있더라도 이들 프로그램이 실제 노동시장의 요구와 부합하는지, 그리고 실업자들의 재취업에 효과적으로 연결되는지에 대한 면밀한 검증이 선행되어야 합니다.

또한, 기금 증대가 장기적으로 보험료 인상 등 추가적인 재정 부담을 초래할 경우, 오히려 기업의 고용 형태 변화나 특수고용직 근로자의 고용 안정성에 부정적 영향을 미칠 우려가 있습니다.

⑤ 주장 정리 + 효과적인 마무리

반대 측은 근무 환경의 안정성은 단순히 고용보험만으로 확보되는 것이 아니라 다양한 사회 정책의 결합이라는 점, 기금의 증가가 구조적인 실업 문제나 직업 훈련의 적합성을 담보하지 않는다는 점을 들어 찬성 측의 주장을 반박했습니다. 이상으로 반대 반론을 마칩니다.

(3) 찬성 최종발언

① I say

찬성 측은 고용 사각지대에 놓인 노동자의 고용 안정과 보험 가입자 증가에 따른 고용보험 기금의 규모 확장이 노동의 질 향상으로 이어질 것을 기대하며 전 국민 고용보험을 도입해야 한다고 말씀드렸습니다.

② You say

반대 측은 구조적인 실업이나 개인에게 적합한 직업훈련의 제공은 단순히 기금의 확장으로 보장되는 것이 아님을 지적해주셨습니다.

③ But

고용보험 기금 증가가 효율적인 노동시장 개선으로 이어질 수 있는 중요한 열쇠입니다.

④ Because

기금 운용의 효율성과 정책 집행의 투명성은 물론 중요한 요소지만, 기금 증대 자체가 실업자 지원 및 재훈련 프로그램에 대한 투자 확대와 더 많은 자원을 투입할 수 있게 함으로써 생산성과 경제적 회복력을 높이는 데 기여합니다. 또한, 기금 증대가 장기적으로 보험료 인상 등 추가적인 재정 부담을 초래한다는 우려는 효과적으로 기금을 운용하고 개선된 정책을 적용함으로써 충분히 대응할 수 있으며, 이는 단기적인 재정 부담보다 장기적으로 노동시장 안정과 질 향상에 효과를 미칠 것입니다.

⑤ Therefore

그러므로 고용보험 가입 확대와 기금 증대는 특수고용직의 고용 안정성과 노동시장 질의 향상을 위한 핵심적 수단으로 기능할 수 있음을 다시 한번 강조합니다.

⑥ 효과적인 마무리

전 국민 고용보험 도입은 단순한 경제적 이득을 넘어서, 우리가 소중히 여기는 근로자의 권리를 보호하고, 노동자가 불확실한 미래 속에서도 안정적인 삶을 살 수 있도록 하는 것입니다. 고용이 불안정한 특수고용직 근로자가 실직

후 외면받지 않고 다시 일어설 수 있는 기회를 가질 수 있도록 도와주는 것이 바로 고용보험입니다. 만약 우리가 고용보험을 도입하지 않는다면, 실직한 사람들은 더 큰 절망 속에서 그대로 무력감을 느끼며 살아야 할지도 모릅니다. 사람들의 존엄성을 지키고, 노동자에게 안정적인 뒷받침을 제공하는 것은 우리의 도리가 아닐까요? 이상으로 찬성 측의 최종발언을 마치겠습니다. 경청해주셔서 감사합니다.

(4) 토론 평가

구분	평가 항목	찬성	반대
입론	배경 설명과 문제 제기가 적절한가?		
	용어 정의가 적절한가?(반대: 용어 정의에 대한 대응이 적절한가?)		
	논제에 대한 첫 번째 근거와 증거 제시가 적절한가?		
	논제에 대한 두 번째 근거와 증거 제시가 적절한가?		
	논제에 대한 세 번째 근거와 증거 제시가 적절한가?		
	입론의 마무리 발언이 적절한가?		
반론	상대의 주장 요약과 반박 내용 안내가 적절했는가?		
	상대의 첫 번째 주장에 대한 반박이 적절했는가?		
	상대의 두 번째 주장에 대한 반박이 적절했는가?		
	상대의 세 번째 주장에 대한 반박이 적절했는가?		
	반론의 마무리 발언이 적절했는가?		
질의	상대의 발언에 입각한 질문인가?		
	질문들은 일정한 결론에 도달하는가?		

구분	평가 항목	찬성	반대
최종 발언	상대의 주장 내용을 요약해서 적절히 제시했는가?		
	자신의 주장과 반론 내용을 요약해서 적절히 제시했는가?		
	상대 주장의 부당성과 자기 주장의 타당성을 최종적으로 밝혔는가?		
	효과적인 마무리가 적절했는가?		
호감도	좋은 토론을 펼쳤는가?		

분석 내용

3) 논제 3: 지자체 배달 앱을 확대해야 한다

(1) 찬성 입론

① 사회적 배경

코로나19 이후 비대면 산업이 발달하면서 배달 앱을 통한 주문이 늘어나고 있습니다. 배달앱은 많은 소상공인에게 도움이 될 것으로 예상했으나, 배달 앱에 지불하는 각종 수수료로 인해 부담이 더욱 커지고 있었습니다. 이에 찬성측은 각종 수수료 지불로 인한 소상공인의 부담을 덜기 위해 지자체 배달 앱을 확대해야 한다고 주장합니다.

② 주요 용어 정의

'지자체 배달 앱'은 지자체에서 개발한 배달 앱을 의미하며, '확대해야 한다'는 지자체 배달 앱을 시행하고 있지 않은 다른 지역까지 지자체 배달 앱을 개발하도록 장려하는 것을 의미하는 것으로 사용하겠습니다. 그러므로 지자체에서 개발하는 배달 앱을 아직 개발하지 않은 다른 지역까지 개발하도록 장려해야 한다는 것이 찬성 측 주장입니다.

③ 찬성 측 주장 안내

저희 찬성 측은 지자체 배달 앱이 소상공인의 부담을 덜 수 있으며 지역경제를 활성화시킬 수 있다는 주장을 들어 입론을 진행하고자 합니다.

④ 찬성 주요 주장 1

지자체 배달 앱을 확대해야 하는 이유는 많은 소상공인이 수수료로 인한 부담을 덜 수 있기 때문입니다. 실제로 2020년 10월 8일 국회산업통상자원 중소벤처기업위원회 소속 국민의힘 엄태영 의원이 국내 주요 배달 앱 3사에서 받은 국정감사 자료에 따르면, 식당이 배달 앱을 통해 주문 받은 음식값의 30%가량이 배달 앱 수수료 비용으로 나간다는 분석 결과가 있습니다. 그러나 지자체 배달 앱은 광고비가 없으며, 그 외에도 수수료가 민간 배달 앱보다 적어 소상공인의 수수료 부담을 덜 수 있게 됩니다.

⑤ 찬성 주요 주장 2

지자체 배달 앱을 확대해야 하는 이유는 이를 통해 지역경제를 활성화시킬 수 있기 때문입니다. 지자체 배달 앱을 개발하여 지역화폐를 사용할 수 있도록 한다면, 온라인으로 간편하게 사용할 수 있게 되어 지역화폐 거래가 활발해

질 것입니다. 또한 지자체 배달 앱의 업종을 먹거리뿐 아니라 꽃집, 떡집, 정육점 등으로 더욱 다양하게 확대한다면, 코로나19로 인한 경기 침체로 피해를 입고 있던 다양한 업종의 소상공인에게도 많은 도움이 될 것입니다.

⑥ 주장 정리 + 효과적인 마무리

저희 찬성 측은 지자체 배달 앱을 통해 소상공인의 부담을 덜 수 있으며, 지역경제를 활성화시킬 수 있음을 제시하여 지자체 배달 앱을 확대해야 한다고 주장했습니다. 코로나19로 많은 소상공인이 경제적으로 큰 타격을 입고 있습니다. 이러한 상황에서 지자체 배달 앱이 소상공인에게 활력을 불어넣어줄 매개가 될 수 있도록 지자체 배달 앱의 확대를 장려해야 한다고 주장하는 바입니다.

(2) 반대 반론

① 찬성 측 주장 정리

지자체 배달 앱을 통해 소상공인의 부담을 덜 수 있다는 점, 지역경제를 활성화할 수 있음을 제시하며 지자체 배달 앱을 확대해야 한다고 주장했습니다.

② 반대 측 반박 주장 안내

이에 반대 측은 지자체 배달 앱이 확대되지 않아야 소상공인에게 이익이 될 수 있다는 점, 세금을 낭비하게 된다는 점을 들어 찬성 측 주장에 반박하고자 합니다.

③ 첫 번째 주장에 대한 반박

지자체가 운영하는 플랫폼의 실질적 혜택이 의문입니다. 지자체 배달 앱이 민간 앱에 비해 낮은 수수료를 제공할 수 있음에도 민간 앱은 이미 대규모

플랫폼과 효율적인 물류 시스템, 사용자 친화적 인터페이스 등에서 경쟁력을 갖추고 있습니다. 이에 따라 지자체 앱 도입 시 기술력이나 네트워크 효과 부족으로 인해 소비자 접근성이 떨어질 수 있으며, 소상공인이 실질적으로 혜택을 덜 받을 우려가 있습니다. 또한 지자체가 운영하는 서비스는 행정 절차와 정치적 영향을 받기 쉬워 민간 기업보다 빠른 시장 대응이나 혁신적인 서비스 개선에 한계를 보일 수 있습니다. 이는 결과적으로 소상공인이 겪는 수수료 부담 완화 효과가 기대보다 미미해질 가능성을 내포합니다.

④ 두 번째 주장에 대한 반박

지역경제를 활성화할 수 있을지에 대해서도 의문입니다. 지자체 배달 앱에 지역화폐를 도입하고 다양한 업종을 포함시키는 정책은 이론상으로는 지역경제 활성화에 기여할 수 있으나, 소비자가 기존 결제 시스템에 익숙한 현실에서 새로운 시스템 도입에 따른 사용자 전환 장벽이 존재할 수 있습니다. 이로인해 예상한 거래 활성화 효과가 제한적일 가능성이 있습니다. 또한 지자체에서 새로운 앱을 개발·운영하는 과정에서 상당한 초기 투자와 유지비용이 소요되며, 이 비용이 결국 지역 소상공인이나 세금으로 전가될 경우, 단기적인 지역경제 활성화 효과보다는 장기적인 재정 부담 증가라는 부정적 측면이 우려됩니다. 아울러 지역화폐 및 다양한 업종 확대를 통한 경제 활성화 효과는 지역의 경제 규모와 소비자 수요에 크게 의존하게 됩니다. 일부 지역에서는 기대한 만큼의 거래 활성화나 경제 파급 효과를 보지 못할 가능성이 있으며, 이는 정책의 효과성을 의심하게 합니다.

⑤ 반박 주장 정리 + 효과적인 마무리

반대 측은 지자체가 운영하는 배달 앱의 실질적인 혜택이 기대와 다를 수 있다는 점, 지역화폐의 거래를 통한 지역 경제활성화가 불확실하다는 점을 들어 반대 주장을 제기했습니다. 지자체 배달 앱의 확대가 소상공인의 수수료 부담 경감과 지역경제 활성화에 기여할 수 있다는 주장에는 기술력, 운영 효율성, 재정 부담 등 여러 현실적 제약이 존재함을 고려해야 합니다. 이상으로 반대 반론을 마칩니다.

(3) 찬성 최종발언

① I say
찬성 측은 지자체 배달 앱을 통해 수수료로 인한 소상공인의 부담을 덜 수 있으며, 지역경제 활성화에 기여함을 제시하며 지자체 배달 앱을 확대해야 한다고 말씀드렸습니다.

② You say
반대 측은 지자체 배달의 비효율성과 지역경제 활성화에 대한 불확실성을 들어 지자체 배달 앱의 확대에 의문을 제기하셨습니다.

③ But
지자체 배달 앱의 문제점을 전면 부정하는 것은 아니지만 공동체의 상생을 우선으로 생각한다면 지자체의 배달 앱을 더욱 확대해야 합니다.

④ Because
필요한 정책을 수립하고 시행하는 것이 공공기관의 역할이기 때문입니다. 지자체의 배달 앱은 민간기업과 경쟁하기 위해서가 아니라 공동체의 필요에 응답한 정책이라고 봐야 옳습니다.

⑤ Therefore
저는 배달 앱을 운영하는 민간기업에 수수료 인하를 요구하는 방법보다 공공을 위하는 정책의 차원에서 지자체가 배달 앱을 운영하고 합리적인 수수료를 책정해 공동체의 상생 방안을 모색하고 시장 질서를 바로잡아야 한다고 생각합니다.

⑥ 효과적인 마무리

지자체 배달 앱 확대는 단순한 기술적 개선이 아니라, 우리 지역 소상공인과 주민의 삶에 따뜻한 희망과 응원을 전달하는 소중한 수단입니다. 민간 대기업의 차가운 이익 추구로 인해 소상공인이 매번 고통받는 현실 속에서, 지자체 배달 앱은 우리 동네의 작은 식당과 상점들이 부담을 덜고 꿈을 이어갈 수 있도록 지지하는 따뜻한 손길이 될 것입니다. 이 앱을 통해 가족들이 따뜻한 식탁을 함께 나누고, 이웃들이 서로에게 의지하며 살아갈 수 있는 공동체의 정을 느낄 수 있음을 상상해보십시오. 우리의 지역사회가 진심 어린 관심과 응원으로 하나로 뭉칠 때, 지자체 배달 앱은 그 단합의 상징이자, 우리 모두가 희망을 키워나가는 따뜻한 약속이 될 것입니다. 이상으로 찬성 측의 최종발언을 마치겠습니다. 경청해주셔서 감사합니다.

(4) 토론 평가

구분	평가 항목	찬성	반대
입론	배경 설명과 문제 제기가 적절한가?		
	용어 정의가 적절한가?(반대: 용어 정의에 대한 대응이 적절한가?)		
	논제에 대한 첫 번째 근거와 증거 제시가 적절한가?		
	논제에 대한 두 번째 근거와 증거 제시가 적절한가?		
	논제에 대한 세 번째 근거와 증거 제시가 적절한가?		
	입론의 마무리 발언이 적절한가?		

반론	상대의 주장 요약과 반박 내용 안내가 적절했는가?		
	상대의 첫 번째 주장에 대한 반박이 적절했는가?		
	상대의 두 번째 주장에 대한 반박이 적절했는가?		
	상대의 세 번째 주장에 대한 반박이 적절했는가?		
	반론의 마무리 발언이 적절했는가?		
질의	상대의 발언에 입각한 질문인가?		
	질문들은 일정한 결론에 도달하는가?		
최종 발언	상대의 주장 내용을 요약해서 적절히 제시했는가?		
	자신의 주장과 반론 내용을 요약해서 적절히 제시했는가?		
	상대 주장의 부당성과 자기 주장의 타당성을 최종적으로 밝혔는가?		
	효과적인 마무리가 적절했는가?		
호감도	좋은 토론을 펼쳤는가?		

분석 내용

문화적 차이에서 발생하는 토론 선호 경향

　사람들은 공개적 토론이 상대방과의 문제를 다루는 최선의 방법이라고 믿기 때문에 공개적 커뮤니케이션에 집중할지도 모른다는 학설은 처음에 서양에서 제안되었다. 팅-투미(1991)는 친밀함의 표현, 커뮤니케이션의 규범과 규칙은 문화마다 다르게 인식된다고 주장한다. 예를 들면, 미국인은 상대방과 사사로운 이슈를 공개적으로 토론하는 데 반해, 일본인은 상대방과 사사로운 이슈와 문제를 다루는 데 신중하고 절제하는 커뮤니케이션 방식을 이용하는 경향이 있다는 것을 발견했다. 집단주의자는 상대방에게 자신의 감정을 드러내고 자신의 의견을 말하는 것을 억제하는 경향이 있는 반면, 개인주의 문화 출신의 사람들(독립적 자아개념을 강조하는 사람들)은 관계적 갈등 이슈를 다루기 위해 발언 접근방법(voice approach)을 사용하는 경향이 있을 것이라고 — 즉, 그들은 갈등이 발생할 때 아마도 공공연한 논쟁과 더 큰 의견 다툼을 보일지 모른다고 — 시사한다.

　독립적 자아개념을 가진 개인과는 반대로, 상호의존적 자아개념을 가진 개인은 자신의 사회적 상황과 밀접하게 연결되어 있다(Markus & Kitayama, 1991). 다른 사람에게 맞추고 조화를 유지하는 것이 자존심(self-esteem)의 비결이다. 상호의존적 자아개념이 지배적인 사람들은 타인의 감정과 평가에 관심을 가지고 있기 때문에 화(火)나 좌절감 같은 부정적 감정 표현을 통제하고 자제한다. 또한 그들은 언어적 전략에서 더 신중하고 암시적으로 표현하는 성향이 있다. 즉, 커뮤니케이션에서 간접성을 선호한다. 따라서 상호의존적 자아개념이 매우 발달한 사람들은 갈등 상황에서 부정적 감정의 표현은 물론 타인과 다른 자신의 의견을 직접적이고 명백하게

표현하는 것을 회피할 것이다. 상호의존적 자아개념이 매우 발달한 사람들은 갈등 상황에서 부정적 감정(화 같은)을 표현하여 서로 대결하거나, 언어적 공격성과 공개적 토론 등을 할 가능성이 없다고 가정할 수 있다. 그들은 잠재적으로 그 이상의 갈등을 야기할 수 있는 관계적 문제들에 대한 반응조차 회피할지 모른다. 상호의존적 자아개념을 가진 사람들은 개인과 자신의 이해를 그렇게 많이 강조하지 않고 집단성의 유지와 조화로운 관계의 지속을 강조한다.

상호의존적 자아개념을 가진 사람들은 타인의 체면 필요[other(gender)'s face needs]에 매우 민감하기 때문에 갈등 상황에서 공공연히 자기주장적이고 감정적인 정도가 더 적다고 시사한다. 따라서 그들은 자연히 고도의 타협과 회피 행동을 채택하고, 경쟁이나 자기주장적 태도는 비교적 적게 선호한다. 상호의존적 성향을 가진 사람들의 의무는 집단정신, 관계중심, 그리고 대인관계의 균형을 유지하기 위한 필요에 대해 공공연한 대결과 명백히 경쟁적인 행동 스타일을 채택하는 것을 방해할지 모른다(Kirkbride, Tang, & Westwood, 1991). 회피와 타협 스타일은 (만약 그런 스타일이 아니라면,) 직접적인 상황에서 나타날지도 모를 적대심을 약화시킬 것이다. 사회구조에 대한 손상이나 동요 혹은 누구든 다른 사람의 체면에 대한 손상의 결과로서 나타나는 수치심의 두려움 역시 상호의존적 자아개념을 가진 사람들로 하여금 자기주장적이거나 직접적인 갈등 관리 스타일을 회피하도록 할 것이다. 이러한 논의는 모두 상호의존적 성향이 높은 사람들은 갈등 관리에서 타인의 체면을 지키는 것을 선호할 가능성이 있다고 시사한다. 회피적 행동을 함으로써 타인의 체면을 잃게 할 가능성을 피하는 것이 더 나은 것처럼 생각될지 모른다.

출처: 김민선(2008), 『인간 커뮤니케이션, 비서구적 관점』, 커뮤니케이션북스.

요약

1. 토론의 긍정 측은 현 상태의 문제에 대한 변화의 당위성을 논리적으로 증명하는 입증의 의무를 해소해야 하며, 부정 측은 긍정 측 주장의 부당함을 증명해야 하는 반증의 의무를 해소해야 한다.

2. 긍정 측 입론은 논제의 필수 쟁점, 이익 비교, 토론자의 개인 가치 등에 따라 주요 주장이 전개될 수 있다.

3. 부정 측 입론은 긍정 측 주요 주장에 대한 직접 반박, 간접 반박, 혼용 반박의 형태로 주요 주장을 전개하며 반증의 의무를 해소할 수 있다.

4. 교차조사는 전략적인 질문을 통해 일정한 결론에 도달해야 하며, 질문 내용은 반론 전략 수립에 활용돼야 한다.

5. 토론의 반론은 새로운 주장을 할 수 없으며 직접 반박을 해야 한다. 전면적인 반박이 어려울 경우 부분적인 반박을 고려할 수 있다.

6. 최종발언은 지금까지의 주장을 정리하고 마지막 반박을 시도할 수 있다. 또한 수사적 기법을 활용해 감정에 호소하는 설득을 시도할 수 있다.

학습 활동

1. 유튜브 등의 검색을 통해 법정에서 변호사와 검사가 증인 심문을 진행하는 과정을 모니터해봅시다. 모니터링 후 "전략적인 질문이 일정한 결론에 도달해야 한다"는 교차조사의 조건이 무엇을 의미하는지 함께 이야기해봅시다.

2. 반론을 진행할 때 부분 찬성과 부분 반대가 어떻게 다른지 이야기해봅시다.

참고문헌

고승아, "'수화 시상 · 난민 리본' 윤여정, 유머 · 감동 · 배려 다 전했다", 「뉴스1」, 2022. 3. 28.

국립국어원(2018). 『화법과 국어 능력 향상』. 국립국어원.

김민선(2008). 『인간 커뮤니케이션, 비서구적 관점』. 커뮤니케이션북스.

김상희(2007). 『문제 해결과 의사소통: 발표와 토론』. 가톨릭대학교출판부.

김은성(2011). 『파워 프레젠테이션』. 서해문집.

김진숙(2019). 『소통이 경쟁력』. 국가공무원인재개발원.

김형주, "AI 할루시네이션, 그리고 언어강박", 「THE AI」, 2023. 8. 7.

박준호 · 양은석 · 박일호 · 김희빈 · 김진형 · 조흥만 · 김영례 · 서상복(2015). 『사고와 토론』.
    전북대학교출판문화원.

복주환(2018). 『생각정리 스피치』. 천그루숲.

송재일 · 송주영 · 정형근 · 조현아 · 차순정(2017). 『대학생을 위한 발표와 토론』. 박이정.

숙명여자대학교 기초교양학부(2018). 『비판적 사고와 토론』. 역락.

신장섭(2015). 『의사소통』. 경민대학교 NCS 지원센터.

양현모 · 이종혁 · 김동건 · 김회성 · 임정훈(2019). 『토론, 설득의 기술』. 리얼커뮤니케이션즈.

유홍주(2023). 『발표와 토론을 위한 화법 연습』. 메이킹북스.

윤진(2004), 「비판적 사고 성향 측정 척도 개발: 간호학을 중심으로」, 가톨릭대학교 박사학위논문.

이동욱 · 이연주 · 정진헌 · 조영주(2020). 『발표와 토론』. 역락.

이병덕(2014).『토론의 기술』. 케이스픽스(주).

이상혁(2023).『(Dr. Lee의) 논리적 말하기: 발표와 토론』. 연암사.

이정옥(2008).『토론의 전략』. 문학과지성사.

장영희(2014).「토론이 리더십에 미치는 영향」.『어문론집』57, 137-167쪽, 중앙어문학회.

_____(2015).「대학에서 토론 교육의 방향 및 지도 방법」.『어문론집』61, 563-584쪽, 중앙어문학회.

장은수, "'이루다'는 도덕을 배울 수 있을까",「매일경제」, 2021. 1. 16.

장해순(2014).『행복한 스피치』. 현학사.

전재강(2011).『(신세대를 위한) 발표와 토론: 논리적인 사고력 함양의 비결』. 박이정.

존 M. 에릭슨, 제임스 J. 머피, 레이먼드 버드 조이쉬너(2013).『디베이트 가이드』. 서종기 역, 길벗.

진 젤라즈니(2001).『최고의 실무자가 되려면 차트로 말하라』. 씨앗을뿌리는사람.

최재붕(2022).『최재붕의 메타버스 이야기』. 북인어박스.

최지원(2020).「발표의무제가 발표효능감에 미치는 영향: 신행동주의 학습 이론을 중심으로」.『한국소통학보』19(3), 87-122쪽, 한국소통학회.

_____(2023).「어조가 메시지 전달력과 관계 프레임에 미치는 영향」.『한국소통학보』22(4), 207-236쪽, 한국소통학회.

최지원 · 김지아 · 정영주 · 허경호(2019).「인간의 기본 감정에 따른 어조 탐색과 스펙트럼 분석」.『한국소통학보』18(4), 121-157쪽, 한국소통학회.

최지원 · 장은지, "숏폼에 중독된 사회… 내성 쌓인 뇌, 충동조절 약화",「동아일보」, 2025. 2. 3.

최지원 · 허경호(2015).「아카데미식 토론의 입론 전개 방식에 따른 설득 효과: 설득 지식 모델을 중심으로」.『한국소통학보』28, 79-113쪽, 한국소통학회.

최형용 · 김수현 · 조경하(2018).『열린 세상을 향한 발표와 토론(제3판)』. 박이정.

한상철(2006).『토론, 비판적 사고를 활용한 토론 분석과 응용』. 커뮤니케이션북스.

허경호(2012).『논증과 토론』. 온소통.

_____(2013).『소통과 스피치』. 온소통.

Argyle, M. (2013). *Bodily communication*. Routledge.

Clancy, J., & Bienert, S. (2011). *Exploring debate 2*. WorldCom ELT.

Freeley, A. J., & Steinberg, D. L. (2013). *Argumentation and debate: Critical thinking for reasoned decision making* (13th ed.). Cengage Learning.

Shuster, K., & Meany, J. (2001). *On that point! An introduction to parliamentary debate*. IDEA.

_____(2005). *Speak out! Debate and public speaking in the middle grades*. IDEA.

Snider, A. C., & Schnurer, M. (2006). *Discovering the world through debate: A practical guide to educational debate for debaters, coaches and judges*. IDEA.

저자 소개

장영희   남서울대학교 교양대학 교수
숙명여자대학교 국어국문학과 문학박사

홍상언   남서울대학교 교양대학 외래교수
중앙대학교 국어국문학과 문학박사

김민영   남서울대학교 교양대학 외래교수
중앙대학교 국어국문학과 문학박사

김지아   남서울대학교 교양대학 외래교수
경희대학교 언론정보학과 박사수료

하성운   남서울대학교 교양대학 외래교수
고려대학교 국어국문학과 문학박사

김지은   남서울대학교 교양대학 외래교수
중앙대학교 국어국문학과 문학박사

최지원   남서울대학교 교양대학 외래교수
경희대학교 언론정보학과 언론학박사